galletas

COCINA DÍA A DÍA

Equipo

Actualmente cualquiera puede perderse en las secciones de enseres de cocina de algunas de las tiendas departamentales, éstas en realidad son un paraíso para los cocineros, llenas de utensilios, herramientas para cocinar y licuadoras, mezcladoras y aparatos electrónicos, con gran diseño. Si va a usarlos con frecuencia, deberá comprar los instrumentos y equipos de alta calidad, en vez de elegir los más baratos.

El equipo para cocinar no solo es útil en la cocina, sino que puede hacer toda la diferencia entre el éxito o fracaso de sus platillos. Un molde sencillo de hojalata, a pesar de ser una pieza muy básica del equipo de cocina, juega un papel esencial para hornear. También el tamaño es importante, si usa un molde demasiado grande, la mezcla se extenderá haciéndose muy delgada dando como resultado un pastel muy plano y poco apetitoso. Si en cambio, pone la mezcla muy apretada en un molde demasiado pequeño, al esponjarse se desbordará.

EQUIPO PARA HORNEAR

Para asegurarse de hornear con éxito vale la pena invertir en una selección de moldes de buena calidad que, si los cuida, le durarán por muchos años. Siga las instrucciones del fabricante antes de emplearlos y asegúrese de lavarlos y secarlos a la perfección después de usarlos y antes de guardarlos. Quizás los moldes más útiles para hornear son los de hojalata para pasteles en capas, ideales para el Panqué Victoria, el pastel genovés y el de café y nueces. Necesitará dos

moldes que por lo general miden 18 cm/7 in o 20.5 cm/8 in de diámetro y aproximadamente de 5 a 7.5cm/2-3 in de profundidad. Por lo general son antiadherentes.

Para elegir moldes profundos para pasteles, usted deberá decidir si desea comprarlos cuadrados o redondos. Varían en tamaño desde 12.5 hasta 35.5 cm/5-14 in con una profundidad entre 12.5 a 15 cm/5-6 in. Un molde para un pastel profundo del diario o pastel Madeira es indispensable; el más práctico es el de 20.5 cm/8 in.

Los moldes para panqués se pueden usar para: pan, panqués de fruta o pasteles para té y terrinas. Se presentan normalmente en dos tamaños, de 450 g/1 lb y 900 g/2 lb.

Las charolas para hornear de buena calidad son indispensables para todos los cocineros.

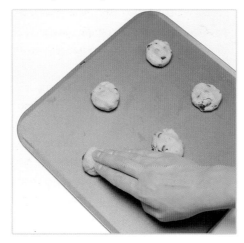

Cuando los platillos están demasiado calientes para manejarlos como el pay de manzana, deben colocarse directamente sobre charolas de hornear. Los merengues, bollos y galletas se cocinan sobre la charola. No se confunda con los moldes para rollos suizos que tienen lados, pues la charola únicamente tiene una orilla alrededor.

Los moldes cuadrados o rectangulares poco profundos para hornear son también muy útiles para hornear en charola, brownies de fudge, falpjacks o tortas y galletas batidas.

También hay moldes para panquecitos; ideales para hacer bollos pequeños, tartas de mermelada o pays pequeños; los moldes individuales para el budín de Yorkshire y moldes para bizcochos o flan. Vienen en varios tamaños.

Hay gran variedad de moldes entre los cuales puede elegir, los hay de formas diferentes que evocan diversos temas como: los árboles de navidad, números del 1 al 9 así como moldes con forma de flores; roscas (moldes con un hoyo en su centro) y moldes desmoldables, en los que se separan los lados de la base permitiendo manejar el pastel con facilidad una vez horneado.

También es recomendable tener tres o cuatro tamaños diferentes de tazones para mezclar.

Otra pieza que vale la pena tener es una rejilla de alambre para enfriar. Cuando se hornea es esencial dejar enfriar los panqués y pasteles después de sacarlos del molde.

También vale la pena invertir en una selección de charolas para asar de diferentes tamaños, ya que pueden ayudar en el baño María o para cocinar pasteles más grandes como el pan de jengibre. Se necesitan varios

moldes diferentes para hornear postres de migas, soufflés y pays. Los ramekins, o pequeños platos individuales para postre, y los tazones pequeños para budines pueden usarse en gran variedad de recetas así como los moldes pequeños para tartaletas y darioles. Al comprar sus utensilios para hornear, quizás uno de los más importantes es el rodillo. Le recomendamos el largo y delgado, que sea lo suficientemente pesado para extender la pasta fácilmente pero no tan pesado que no pueda manejarse con facilidad. Las pastas deben extenderse sobre una superficie plana. Aunque cualquier superficie plana y enharinada puede servir, una de mármol asegurará que la pasta se mantenga fresca y que la grasa no se derrita mientras se extiende. Esto ayuda a mantener la pasta ligera, crujiente y hojaldrada en vez de hacerla pesada e insípida lo cual sucede cuando la grasa se derrite antes de hornearla.

Otros utensilios básicos para las pastas son: la brochita para pastas (que se puede usar para humedecer la pasta o barnizar con un glaseado), un cortador de pasta giratorio y un colador para retirar las impurezas y cernir aire en la harina, lo cual ayuda para que la consistencia de la pasta o mezcla sea más ligera.

Los implementos básicos para mezclar también son esenciales tales como: una cuchara de madera (para mezclar y acremar) una espátula (para pasar la mezcla del tazón en que se mezcló a los moldes para hornear y para extender la mezcla una vez que esté en los moldes) y una espátula de metal ancha (para retirar los pasteles y panes de los moldes

antes de colocarlos sobre la rejilla de alambre para enfriarse). Las cucharas de medir son esenciales para dosificar con exactitud tanto los ingredientes secos como los húmedos.

EQUIPO ELÉCTRICO

Actualmente existen utensilios y equipo eléctrico que simplifican el proceso de hornear, haciéndolo más fácil y rápido. Este equipo se puede usar para acremar, mezclar, batir, revolver y amasar, picar y rebanar. Hay gran variedad de máquinas disponibles en el mercado desde las básicas hasta las más sofisticadas.

PROCESADORES DE ALIMENTOS

Lo primero que tiene que hacer es decidir lo que busca en su procesador. Si es un novato en la cocina, quizás sea un desperdicio tener una máquina que ofrece una amplia gama de implementos y funciones, ya que no se usaría la máquina al máximo.

En general, el estilo y diseño de un producto va relacionado con su precio, entre más caro sea, éste será más grande, tendrá un tazón con más capacidad y más implementos incluidos. Actualmente un aparato puede: picar, desmenuzar, rebanar, cortar, mezclar, hacer puré, amasar, batir y acremar cualquier cosa. Sin embargo, ¿cuáles son las características básicas que debe buscar en su máquina para decidir cuál comprar?

Al comprar un procesador de alimentos busque uno que tenga las medidas marcadas en el tazón y que la máquina cuente con un tubo de llenado que permita agregar el producto o liquido mientras el motor continúa funcionando. Busque máquinas que pueden aumentar la capacidad del tazón (ideales para hacer sopas) y que tienen un botón para pulsar y controlar el picado.

Para muchas personas el almacenamiento es una cuestión que debe tenerse en cuenta, por lo que los discos reversibles y almacenamiento plegable pueden ser muy útiles; así como otros modelos más novedosos que cuentan con un compartimiento o caja para almacenar las cuchillas.

También debe considerar las máquinas que tienen otros aditamentos, que pueden comprarse a medida que cambien sus necesidades para cocinar. Existen tazones pequeños para picar pequeñas cantidades. Si le preocupa el tiempo, los aditamentos que pueden lavarse en la lavadora de platos, son de vital importancia. Los exprimidores de cítricos, licuadoras y batidores pueden ser muy útiles para el cocinero.

LICUADORAS

Las licuadoras a menudo vienen como un aditamento de los procesadores de alimentos y por lo general se usan para licuar y hacer purés. Existen dos tipos básicos de licuadoras. El primero se conoce como licuadora de mesa. Las cuchillas de esta licuadora están en la parte inferior del vaso y tiene señaladas las medidas en los lados. El otro tipo es la portátil; es manual y debe colocarse en un tazón para mezclar.

BATIDORAS

Son ideales para mezclar pasteles y amasar harina, ya sea como una mezcladora de mesa o manual. Ambas son muy útiles y se basan en el mismo principio de mezclar o batir en un tazón abierto para permitir que entre más aire en la mezcla y así dar una textura más ligera.

Las batidoras de mesa se pueden sostener por sí mismas y dan cabida a grandes cantidades de la mezcla. Son máquinas fuertes, capaces de manejar fácilmente la masa y mezclas para pasteles pesados, así como batir crema, claras de huevos o pasteles sencillos. Estas batidoras también tienen una gran variedad de implementos para realizar funciones de: licuadoras, picadores, exprimidores, abrelatas y muchos otros.

Las batidoras manuales son más pequeñas que las de mesa y a menudo vienen con su propio tazón y pie desmontables para poder usarse manualmente. Son de cabeza motorizada y tienen dos batidores desmontables. Estos batidores son particularmente versátiles ya que no tienen que usarse con un tazón especial para batir. Se pueden usar en cualquier recipiente.

Ingredientes Esenciales

Las cantidades pueden variar, pero los ingredientes básicos no varían demasiado. Veamos de cerca los ingredientes que son esenciales para hornear.

GRASA

La mantequilla y la margarina firme son las grasas más usadas para hornear. También se pueden usar otras como la manteca vegetal, manteca de cerdo y aceite. Los untos bajos en calorías no son recomendados pues se desbaratan al cocerse a temperaturas altas y no son los adecuados para hornear. A menudo depende del gusto de cada quien la grasa que se usa, pero debemos basarnos en ciertos criterios importantes que se deben tener presentes.

La mantequilla sin sal es la grasa más usada para hacer pasteles, en especial en los deliciosos fruit cakes y los pasteles esponjosos como la Torta de Chocolate Madeira. La mantequilla sin sal da al pastel un sabor característico. Algunas personas prefieren la margarina que da menos sabor al pastel. Como regla general, la margarina y la mantequilla firme no deben usarse recién salidas del refrigerador, sino deben estar a temperatura ambiente antes de usarse. Además, deben batirse solas antes de acremarse o mezclarse. La margarina firme es más adecuada para usarse en las recetas sencillas. Si se usa aceite, se debe tener cuidado de la cantidad. Recomendamos seguir una receta específica ya que las proporciones entre el aceite, harina y huevos son diferentes.

La grasa es un ingrediente importante al hacer pastas, una vez más debemos tener presentes algunas consideraciones específicas.

En cuanto a las pastas delgadas, los mejores resultados se logran usando cantidades iguales de manteca vegetal o manteca de cerdo que de mantequilla o bloque de mantequilla. La cantidad de grasa usada siempre será la mitad de la cantidad de harina. Otras pastas usan diferentes cantidades de estos ingredientes. El Paté sucrée (una pasta para tarta dulce) está hecho con mantequilla, huevos y un poco de azúcar, mientras que las empanadas o mil hojas usan proporciones mayores de grasa o harina. Estas dependen de la forma de extenderlas y amasarlas para asegurarse de que la pasta se levante y separe adecuadamente. Al usar una receta, siga las instrucciones para obtener los mejores resultados.

HARINA

Podemos comprar una gran variedad de harinas y cada una está diseñada para lograr una tarea específica. La harina dura, que es rica en gluten, ya sea blanca o morena (incluye la de granero y la stoneground) es la que se recomienda para el pan y el Pudín de Navidad. También se recomienda para pudines hechos al vapor así como para la pasta de hojaldre. La harina 00 está diseñada especialmente para hacer pastas y no existe ningún sustituto para ella. La harina ordinaria o harina suave es mejor para los pasteles, bollos y salsas que absorben la grasa fácilmente y dan una consistencia ligera. Ésta puede ser blanca o harina leudante, así como integral. La harina leudante, que contiene

el agente de elevación integrado, es la que se recomienda para los pasteles esponjosos en los que es importante lograr una elevación uniforme. La harina simple puede usarse para todo tipo de horneados y salsas. Si usa harina simple para scones o pasteles y budines, a menos que la receta mencione otra cantidad, use 1 cucharadita de polvo de hornear por cada 225 g/8 oz de harina simple. En los pasteles esponjosos y pasteles ligeros de fruta, se recomienda usar harina leudante ya que incluye el agente para esponjarlos. De esta forma no hay peligro de excederse, lo cual hará que el pastel se suma o quede amargo. Existen otros ingredientes especiales que se pueden usar para esponjar. Algunos pasteles llevan bicarbonato de sodio, con o sin cremor tártaro, mezclado con leche caliente o leche agria. Los huevos batidos también actúan como un agente elevador ya que el aire atrapado en el huevo asegura que la mezcla se esponje. Por lo general no se necesita ningún otro agente elevador.

También se puede encontrar harina ya cernida. Incluso existe una harina esponjosa especialmente diseñada para los pasteles esponjosos batidos. Así mismo se puede comprar harina fabricada especialmente para celiacos, la cual no contiene gluten, o se puede usar trigo sarraceno, soya o garbanzo.

HUEVOS

Cuando una receta pide 1 huevo, por lo general se refiere a un huevo mediano. Debido al ligero riesgo de que tengan salmonela, actualmente todos los empaques de huevo se venden con un sello donde aparece la fecha de caducidad para asegurar que se usen en su mejor momento. Prefiera huevos de alguna marca conocida que vienen de gallinas vacunadas contra la salmonela, y son producidos bajo estrictas normas de calidad.

Existen varios tipos de huevos en el mercado y en realidad es una cuestión de

gusto personal el que se elija. Todos ofrecen los mismos beneficios nutricionales. La mayoría de los huevos que se venden en este país son huevos de gallinas en jaula. Son los huevos más baratos y las gallinas se han alimentado de una dieta mixta de pienso.

Los huevos de corral son de gallinas que habitan en granjas y que pueden pasear dentro de la granja. Sin embargo, su dieta es similar a la de las gallinas de jaula y las granjas pueden tener sobrepoblación.

Comúnmente se cree que los huevos de gallinas en pastoreo son de gallinas que llevan una vida mucho más natural y que se alimentan de productos naturales. Sin embargo, esto no siempre sucede y en algunos casos viven en lugares sobre poblados.

Almacene los huevos en el refrigerador con la parte redonda hacia arriba (como vienen empacados en las cajas de huevo). Deje reposar a temperatura ambiente antes de usarlos. Recuerde que los huevos crudos o semi cocidos no deben darse a bebés, niños pequeños, mujeres embarazadas, personas mayores o aquellos que sufran alguna enfermedad recurrente.

AZÚCAR

El azúcar no solo da sabor al hornear sino que también le da textura y volumen a la mezcla. Por lo general se dice que el azúcar molida es mejor para pasteles esponjosos, budines y merengues. Sus gránulos finos se dispersan

uniformemente al acremarse o batirse. El azúcar granulada se usa para la cocina en general, como frutas cocidas, mientras que el demerara, con su sabor a caramelo y consistencia chiclosa es bueno para budines y pasteles pegajosos como los flapjacks. Para los pasteles de fruta, pasteles y pudines de Navidad, use azúcar mascabado que proporciona un sabor intenso a melaza. El azúcar glass se usa principalmente para hacer glaseados y puede usarse en merengues y en salsas de fruta cuando el azúcar se tiene que disolver rápidamente. Para obtener un sabor diferente intente darle sabor a su propia azúcar. Coloque una vara de vainilla en un frasco con tapa de rosca, llene con azúcar molida, cierre la tapa y deje reposar de 2 a 3 semanas antes de usarla, tape después de usarla; o use limón sin piel o ralladura de naranja de la misma manera.

Si intenta reducir el consumo de azúcar, use las variedades sin refinar, como la granulada dorada, molida dorada, demerara sin refinar y el azúcar mascabado. Todos estos son ligeramente más dulces que sus contrapartes refinadas, por lo que necesitará usar menor cantidad. O, si lo desea, use miel de abeja clara o fructosa (azúcar de fruta) que reduce la ingestión de calorías ya que éstas son similares a las del azúcar pero al ser más dulces consumirá menor cantidad. Además sus calorías son de liberación lenta, por lo que su efecto dura más. Las frutas secas también pueden incluirse en la dieta para cubrir con las necesidades de azúcar.

LEVADURA

El aroma de un pan recién horneado produce una sensación reconfortante, y su sabor es muy diferente y superior al pan hecho comercialmente. Muchas personas piensan que la fabricación de pan es una pérdida de tiempo, pero con la llegada de la levadura de acción rápida, esto ha cambiado. Existen tres tipos de levadura en el mercado: la fresca, que se puede encontrar en el departamento de panadería de muchos supermercados (la

levadura fresca se puede congelar a la perfección); levadura seca, que viene en recipientes; y la levadura de acción rápida, que viene en sobres.

La levadura fresca se debe comprar en pequeñas cantidades; es de color crema y su textura contiene un ligero olor a vino. Se debe acremar con una pequeña cantidad de azúcar y un líquido tibio antes de mezclarse con harina. La levadura seca, se puede almacenar hasta por 6 meses y viene en gránulos duros y pequeños. Se debe espolvorear sobre algún líquido tibio con una pequeña cantidad de azúcar y dejarse reposar entre 15 y 20 minutos, hasta que la mezcla espume. Si sustituye la levadura fresca por levadura seca, use 1 cucharada de la levadura seca por cada 25 g/1 oz de levadura fresca.

La levadura de acción rápida disminuye el tiempo de fabricación del pan y elimina la necesidad de fermentar el pan dos veces. Además, la levadura se puede agregar directamente a la harina sin necesidad de activarla. Al sustituir la levadura de acción rápida por levadura seca, necesitará usar el doble.

Al usar la levadura de acción rápida lo más importante que debe tener presente es que la levadura es una planta viviente que necesita alimentarse, hidratarse y calentarse para poderla trabajar.

Galletas con Chispas de Chocolate

1 Precaliente el horno a 190°C/ 375°F, durante 10 minutos antes de hornear. Engrase ligeramente con aceite una charola grande para hornear.

2 En un tazón grande, cierna la harina, sal, polvo para hornear y bicarbonato de sodio.

3 Corte la mantequilla o margarina en trozos pequeños y agregue a la mezcla de harina.

4 Usando 2 cuchillos o las yemas de sus dedos, integre la mantequilla o margarina hasta que parezca migas gruesas de pan.

5 Agregue el azúcar morena, golden syrup o miel maple y chispas de chocolate. Mezcle hasta formar una masa suave.

6 Haga bolitas y acomódelas sobre la charola para hornear, dejando suficiente espacio entre ellas para que esponjen. (Estas galletas no se esponjan demasiado pero recomendamos dejar un espacio entre ellas)

7 Aplane ligeramente las bolitas, con las yemas de sus dedos o la palma de sus manos.

8 Cocine en el horno precalentado de 12 a 15 minutos, o hasta que se doren y estén totalmente cocidas.

9 Deje enfriar ligeramente y coloque sobre una rejilla de alambre. Sirva cuando estén frías o almacene en un recipiente hermético.

INGREDIENTES
Rinde para 36 galletas

175 g/6 oz de harina simple

1 pizca de sal

1 cucharadita de polvo para hornear

¼ cucharadita de bicarbonato de sodio

75 g/3 oz de mantequilla o margarina

50 g/2 oz de azúcar morena

3 cucharadas de golden syrup o miel maple

125 g/4 oz de chispas de chocolate

Consejo Sabroso

Esta es una excelente receta básica para galletas. Se le pueden agregar muchos ingredientes como nueces, cerezas glascadas, trozos de plátano, arándanos o pasitas secas.

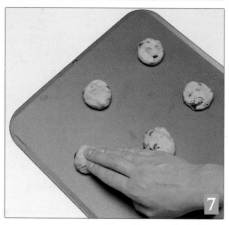

Florentinas de Chocolate

1 Precaliente el horno a 180°C/ 350°F, durante 10 minutos antes de hornear. Engrase ligeramente con aceite una charola para hornear.

2 En un cazo pequeño sobre calor muy bajo, derrita la mantequilla o margarina con el azúcar y crema dulce para batir. No hierva.

3 Retire del calor e integre las almendras, nueces, pasas y cerezas.

4 Ponga cucharaditas de la mezcla sobre una charola para hornear. Meta al horno precalentado y cocine durante 10 minutos o hasta dorar.

5 Deje enfriar en la charola para hornear aproximadamente durante 5 minutos y pase a una rejilla de alambre.

6 Derrita el chocolate blanco y el chocolate oscuro en dos tazones separados, ya sea en el microondas siguiendo las instrucciones del fabricante, o en un tazón pequeño colocado sobre un cazo con agua hirviendo a fuego lento.

7 Unte una tercera parte de las galletas con el chocolate oscuro, otra tercera parte con el chocolate de leche y la última parte con el chocolate blanco.

8 Cuando el chocolate se esté endureciendo, marque ondas con un tenedor. O, si lo desea, remoje algunas de las galletas en el chocolate para cubrir y sirva.

INGREDIENTES
Rinde 20 porciones

125 g/4 oz de mantequilla o margarina

125 g/4 oz de azúcar morena

1 cucharada de crema dulce para batir

50 g/2 oz de almendras sin piel, picadas toscamente

50 g/2 oz de nueces, picadas toscamente

75 g/3 oz de pasas

50 g/2 oz de cerezas glaseadas, picadas toscamente

50 g/2 oz de chocolate oscuro, picado toscamente o en trozos

50 g/2 oz de chocolate de leche, picado toscamente o en trozos

50 g/2 oz de chocolate blanco, picado toscamente o en trozos

Consejo Útil

Al derretir chocolate para betún, como en esta receta, es importante no calentarlo demasiado pues al enfriarse, se hará blancuzco. Si derrite el chocolate sobre agua hirviendo a fuego lento, asegúrese de que la base del tazón no toque el agua. Si usa el microondas, derrita en periodos cortos, moviendo entre ellos para asegurarse de que se derrita de manera uniforme.

Consejo Sabroso

Estas Florentinas, exquisitas y frutadas dependen de sus ingredientes crudos, por lo que debe usar chocolate de buena calidad y cerezas naturales glaseadas, que contienen más sabor a fruta y su color es más natural.

Castañuelas de Jengibre

1 Precaliente el horno a 190°C/ 375°F, durante 10 minutos antes de hornear. Engrase ligeramente con aceite una charola para hornear.

2 Acreme la mantequilla o margarina y el azúcar hasta que esté clara y esponjosa.

3 Caliente la melaza en el microondas de 30 a 40 segundos, agregue gradualmente a la mezcla de mantequilla con el huevo. Bata hasta integrar.

4 En otro tazón, cierna la harina, bicarbonato de sodio, sal, jengibre clavos y canela. Agregue la mezcla de mantequilla y mueva para hacer una masa firme.

5 Enfríe en el refrigerador 1 hora. Forme bolitas con la masa y páselas por el azúcar granulada. Coloque sobre la charola de hornear separando entre ellas.

6 Rocíe la charola para hornear con un poco de agua y hornee.

7 Cocine 12 minutos, hasta que estén doradas y crujientes. Deje enfriar sobre una rejilla de alambre y sirva.

INGREDIENTES
Rinde 40 Porciones

300 g/11 oz de mantequilla o margarina, suavizada
225 g/8 oz de azúcar morena
75 g/3 oz de melaza negra
1 huevo mediano
400 g/14 oz de harina simple
2 cucharaditas de bicarbonato de sodio
½ cucharadita de sal
1 cucharadita de jengibre molido
1 cucharadita de clavo molido
1 cucharadita de canela molida
50 g/2 oz de azúcar granulada

Consejo Sabroso

Las castañuelas de jengibre son un bocadillo exquisito para usar en otras recetas. Puede desmoronarlas y mezclarlas con mantequilla derretida para usar como costra en el pastel de queso.

Consejo Sabroso

Las castañuelas de jengibre también saben deliciosas si se rompen en trozos grandes y se agregan al helado casero, en particular si es de jengibre o chocolate, ya que tienen una textura parecida al panal de abeja.

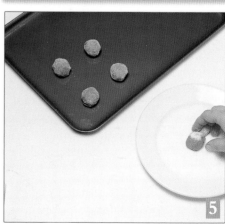

Galletas de Avena con Pasitas

1 Precaliente el horno a 200°C/ 400°F, durante 15 minutos antes de hornear. Engrase ligeramente con aceite una charola para hornear.

2 En un tazón grande, mezcle la harina, avena, jengibre molido, polvo para hornear, bicarbonato, azúcar y pasitas.

3 En otro tazón, mezcle el huevo, aceite y leche. Haga una fuente en el centro de los ingredientes secos y vierta la mezcla de huevo.

4 Integre la mezcla con un tenedor o una cuchara de madera para hacer una masa suave pero no pegajosa.

5 Sobre una charola para hornear ligeramente engrasada con aceite, coloque cucharadas bien separadas de la masa y aplane ligeramente con los dientes de un tenedor.

6 Meta las galletas al horno precalentado y cocine de 10 a 12 minutos, hasta dorar.

7 Retire del horno, deje enfriar de 2 a 3 minutos, enfríe sobre una rejilla de alambre. Sirva cuando estén frías o almacene en un recipiente hermético.

INGREDIENTES
Rinde 24 porciones

175 g/6 oz de harina simple

150 g/5 oz de avena

1 cucharadita de jengibre molido

½ cucharadita de polvo para hornear

½ cucharadita de bicarbonato de sodio

125 g/4 oz de azúcar morena

50 g/2 oz de pasitas

1 huevo mediano, ligeramente batido

150 ml/¼ pt de aceite vegetal o de girasol

4 cucharadas de leche

Dato Culinario

Esta masa puede hacerse, envolverse en plástico adherente y refrigerarse hasta por una semana antes de hornear. Cuando desee cocinarlas, separe la masa y hornee siguiendo las instrucciones.

Dato Culinario

Si lo desea, agregue 50 g/2 oz de mezcla de nueces picadas y sustituya la mitad de las pasitas por arándanos o cerezas secas.

Macarrones de Almendra

1 Precaliente el horno a 150°C/ 300°F, durante 10 minutos antes de hornear. Forre una charola de hornear con el papel de arroz.

2 Mezcle el azúcar molida, almendras molidas, arroz molido y esencia de almendra; reserve.

3 Bata la clara de huevo hasta que esté a punto de turrón y envuelva con ella la mezcla de azúcar, usando una cuchara de metal o espátula de hule.

4 Mezcle hasta formar una pasta dura pero que no quede pegajosa. (Si la mezcla estuviera muy pegajosa, agregue un poco más de almendras molidas.)

5 Coloque cucharadas pequeñas de la mezcla, aproximadamente del tamaño de un chabacano, sobre el papel arroz, dejando suficiente separación entre ellas.

6 Coloque mitades de almendra blanqueada en el centro de cada una. Cocine en el horno precalentado 25 minutos o hasta que estén ligeramente doradas.

7 Retire las galletas del horno y deje enfriar unos minutos sobre la charola de hornear. Corte o rasgue el papel de arroz alrededor de los macarrones para separarlos. Una vez fríos, sirva o almacene en un recipiente hermético.

INGREDIENTES
Rinde 12 porciones

papel arroz
125 g/4 oz de azúcar molida (caster)
50 g/2 oz de almendras molidas
1 cucharadita de arroz molido
2 ó 3 gotas de esencia de almendra
1 clara de huevo mediana
8 almendras sin piel, en mitades

Consejo Sabroso

El papel de arroz es un papel comestible hecho de la savia del árbol chino. Estos deliciosos macarrones son chiclosos y saben fantástico cuando se rompen y espolvorean sobre postres como los trifles o bagatelas. Sirva con tartas de crema y fruta fresca como frambuesas.

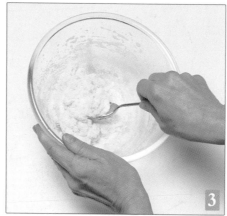

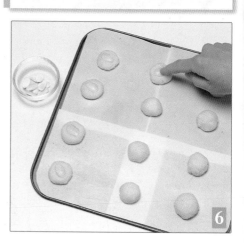

Galletas de Calabaza con Glaseado de Mantequilla Dorada

1 Precaliente el horno a 190°C/ 375°F, durante 10 minutos antes de hornear. Engrase ligeramente con aceite una charola de hornear y reserve.

2 Usando una batidora eléctrica, bata la mantequilla hasta que esté clara y esponjosa. Agregue la harina, azúcar, calabaza y huevo batido. Bata hasta integrar por completo.

3 Incorpore la canela molida y 1 cucharadita del extracto de vainilla. Cierna el polvo para hornear, bicarbonato de sodio y nuez moscada sobre la mezcla. Bata hasta integrar por completo, raspando los lados del tazón.

4 Agregue la harina integral, nueces picadas y pasitas. Integre por completo.

5 Coloque cucharaditas de la mezcla sobre una charola para hornear, separando 5 cm/2 in entre ellas. Hornear de 10 a 12 minutos o hasta que sus orillas estén firmes.

6 Retire las galletas del horno y deje enfriar. Derrita la mantequilla en un cazo pequeño sobre calor medio, hasta que esté clara y empiece a dorarse.

7 Retire del calor. Agregue el azúcar, extracto de vainilla restante y leche; mezcle. Coloque sobre las galletas frías y sirva.

Consejo Útil

Para cocer la calabaza, retire una rebanada de la parte superior. Retire las semillas y deseche. Corte la calabaza verticalmente en cuartos y retire su cáscara naranja oscura con un pelador de papas. Corte la carne en trozos y cocine al vapor o en el microondas hasta que esté suave. Haga puré y use siguiendo las instrucciones de la receta anterior.

INGREDIENTES
Rinde 48 porciones

- 125 g/4 oz de mantequilla, suavizada
- 150 g/5 oz de harina simple
- 175 g/6 oz de azúcar morena, compactada
- 225 g/8 oz calabaza en lata o calabaza cocida
- 1 huevo mediano, batido
- 2 cucharaditas de canela molida
- 2½ cucharaditas de extracto de vainilla
- ½ cucharadita de polvo para hornear
- ½ cucharadita de bicarbonato de sodio
- ½ cucharadita de nuez moscada rallada
- 125 g/4 oz de harina integral
- 75 g/3 oz de nueces, picadas toscamente
- 100 g/3½ oz de pasitas
- 50 g/2 oz de mantequilla sin sal
- 225 g/8 oz de azúcar glass
- 2 cucharadas de leche

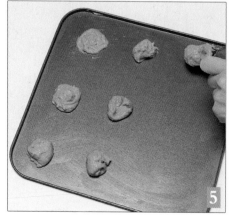

Orejitas a las Especias con Puré de Manzana

1 Precaliente el horno a 200°C/ 400°F, durante 15 minutos antes de hornear. Extienda la pasta sobre una superficie ligeramente enharinada para hacer un rectángulo de 25.5 x 30.5 cm/10 x 12 in. Recorte las orillas con un pequeño cuchillo filoso.

2 En un tazón, cierna el azúcar molida, azúcar glass, canela, jengibre y nuez moscada. Espolvoree generosamente ambos lados de la pasta con aproximadamente una cuarta parte de la mezcla de azúcar.

3 Coloque el lado largo hacia usted, doble ambos lados hacia el centro hasta llegar a la mitad. Espolvoree con una tercera parte de la mezcla restante de azúcar.

4 Vuelva a doblar los lados hasta que casi se toquen en el centro y espolvoree una vez más con la mezcla de azúcar restante. Doble los 2 lados hasta el centro de la pasta para hacer 6 capas. Envuelva la pasta en plástico adherente y refrigere 1 ó 2 horas hasta que esté firme. Reserve la mezcla de azúcar restante.

5 Retire la pasta del refrigerador, desenvuelva y cubra con la mezcla de azúcar restante hasta cubrir por completo. Usando un cuchillo filoso, corte el rollo en aproximadamente 20 rebanadas delgadas. Coloque los lados cortados hacia abajo sobre una charola de hornear y meta al horno precalentado.

6 Hornee 10 minutos, voltee las galletas y cocine de 5 a 10 minutos más, o hasta que estén doradas y crujientes. Retire del horno y pase a una rejilla de alambre. Deje enfriar totalmente.

7 Mientras tanto, combine los demás ingredientes en una olla. Tape y cocine suavemente durante 15 minutos hasta que la manzana esté totalmente suave. Mezcle hasta integrar y deje enfriar. Sirva las palmeras con una cucharada del puré de manzana y un poco de crema batida.

INGREDIENTES
Rinde 20 porciones

250 g/9 oz de pasta de hojaldre preparada, descongelada
40 g/½ oz de azúcar molida (caster)
25 g/1 oz de azúcar glass
1 cucharadita de canela molida
¼ cucharadita de jengibre molido
¼ cucharadita de nuez moscada, recién rallada
450 g/1 lb de manzanas tipo Bramley, picadas toscamente
50 g/2 oz de azúcar
25 g/1 oz de pasitas
25 g/1 oz de cerezas secas
ralladura de 1 naranja
crema dulce para batir, ligeramente batida, para acompañar

Dato Culinario

Las orejitas también llamadas palmeras se llaman así por parecer hojas de palma, pues palmier es la palabra francesa para el árbol de palma. Las palmeras a menudo se sirven a modo de emparedado con crema y jalea.

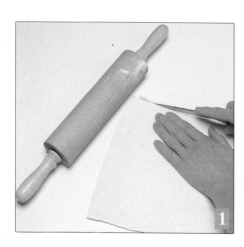

Galletas de Mantequilla de Cacahuate

1 Precaliente el horno a 180°C/ 350°F, durante 10 minutos antes de hornear. Para hacer el relleno de chocolate, parta el chocolate en trozos pequeños y colóquelo en un tazón refractario.

2 Ponga la crema dulce para batir en un cazo y caliente hasta el punto de ebullición. Vierta inmediatamente sobre el chocolate.

3 Deje reposar 1 ó 2 minutos, mezcle hasta suavizar. Deje reposar hasta que se enfríe y esté lo suficientemente duro para poder untarlo. No refrigere.

4 Engrase ligeramente con aceite una charola para hornear. Acreme la mantequilla o margarina y el azúcar hasta que esté clara y esponjosa. Integre la mantequilla de cacahuete, seguida por la golden syrup o miel maple y la leche.

5 Cierna la harina con el bicarbonato de sodio. Incorpore con la mezcla de mantequilla de cacahuate, integre y amase hasta suavizar.

6 Aplane 1 ó 2 cucharadas de la mezcla para galletas sobre una tabla para picar.

7 Agregue una cucharada de la mezcla de chocolate en el centro de la masa, dóblela alrededor del chocolate para cubrirlo por completo.

8 Coloque las galletas sobre una charola para hornear y aplane ligeramente. Cocine en el horno precalentado de 10 a 12 minutos, hasta dorar.

9 Retire del horno y deje enfriar totalmente sobre una rejilla de alambre y sirva.

INGREDIENTES
Rinde 18 porciones

125 g/4 oz de chocolate oscuro

150 ml/¼ pt de crema dulce para batir

125 g/4 oz de mantequilla o margarina, suavizada

125 g/4 oz de azúcar molida (caster)

125 g/4 oz de mantequilla de cacahuate cremosa o en trocitos

4 cucharadas de golden syrup o miel maple

1 cucharada de leche

225 g/8 oz de harina simple

½ cucharadita de bicarbonato de sodio

Consejo Útil

Puede medir la golden syrup calentando en agua hirviendo una cuchara de metal para medir y sumergiéndola en la miel; colocando el tarro dentro del horno caliente o poniéndolo en un cazo con agua caliente.

Galletas Batidas

1 Precaliente el horno a 180°C/ 350°F, durante 10 minutos antes de hornear. Engrase ligeramente con aceite una charola para hornear.

2 Acreme la mantequilla y azúcar glass hasta esponjar. Agregue la harina gradualmente y continúe batiendo 2 ó 3 minutos más, hasta que esté suave y ligera.

3 Forme bolitas y coloque sobre la charola de hornear. Cubra la mitad de las bolitas de masa con grageas de azúcar, filamentos de azúcar, gotas de chocolate o bolitas plateadas. Deje las demás simples.

4 Cocine en el horno precalentado de 6 a 8 minutos o hasta que las bases estén

ligeramente doradas. Retire del horno y deje enfriar sobre una rejilla de alambre.

5 Cierna el azúcar glass en un tazón pequeño, agregue el jugo de limón y mezcle hasta hacer un glaseado uniforme.

6 Usando una cucharita pequeña, reparta el glaseado sobre las galletas simples. Decore con más grageas de azúcar, gotas de chocolate o bolitas plateadas y sirva.

INGREDIENTES
Rinde 36 porciones

225 g/8 oz de mantequilla, suavizada

75 g/3 oz de azúcar glass

175 g/6 oz de harina

grageas de azúcar

filamentos de azúcar

gotas de chocolate

bolitas plateadas

50 g/2 oz de azúcar glass

2 ó 3 cucharaditas de jugo de limón

Consejo Útil

Aunque estas galletas son clásicas, su consistencia es mucho más ligera que las demás Literalmente se derriten en la boca. Son maravillosas para los niños. Sin embargo, si desea hacer galletas más elegantes y apetitosas para los adultos, coloque la mezcla en una manga adaptándole una boquilla con forma de estrella grande y haga las galletas colocándolas sobre la charola para hornear. Cocine siguiendo las instrucciones.

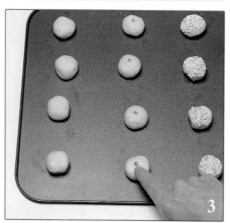

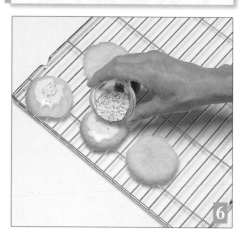

Galletas de Avena con Coco

1 Precaliente el horno a 180°C/ 350°F, durante 10 minutos antes de hornear. Engrase ligeramente con aceite una charola para hornear.

2 Acreme la mantequilla o margarina con los azúcares hasta que esté clara y esponjosa.

3 Integre gradualmente el huevo y extracto de vainilla y bata hasta integrar por completo.

4 Cierna la harina y polvo para hornear; bata hasta integrar.

5 Agregue la mezcla de mantequilla y azúcar; bata hasta suavizar. Integre la avena y coco con una cuchara de metal o espátula de hule.

6 Haga bolitas con cucharadas de la mezcla y coloque sobre la charola de hornear, dejando 5 cm/2 in de separación entre ellas. Aplane cada bolita con la palma de su mano.

7 Coloque en el horno precalentado y cocine de 12 a 15 minutos o hasta dorar.

8 Retire del horno y ponga sobre una rejilla de alambre para enfriar por completo. Sirva.

INGREDIENTES
Rinde 40 porciones

225 g/8 oz de mantequilla o margarina
125 g/4 oz de azúcar morena
125 g/4 oz de azúcar molida (caster)
1 huevo grande, ligeramente batido
1 cucharadita de extracto de vainilla
225 g/8 oz de harina simple
1 cucharadita de polvo para hornear
½ cucharadita de bicarbonato de sodio
125 g/4 oz de avena
75 g/3 oz de coco seco

Consejo Útil

El agente elevador que se usa en esta receta, el bicarbonato de sodio, aligera la textura de estas galletas, dándoles una textura crujiente pero frágil. Si almacena estas galletas en un recipiente o tarro hermético, le durarán de 3 a 4 días.

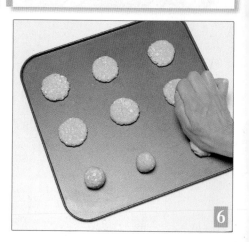

Barras de Galleta de Chocolate

1 Engrase ligeramente un molde cuadrado de 20.5 cm/8 in y cubra con plástico adherente.

2 En un tazón pequeño, coloque las pasas y bañe con el brandy, si lo usa. Deje remojar de 20 a 30 minutos.

3 Mientras tanto, rompa el chocolate en trozos pequeños y coloque en un tazón refractario.

4 Coloque el tazón sobre un cazo con agua hirviendo a fuego lento, asegurándose de que la base del tazón no toque el agua.

5 Derrita el chocolate, moviendo de vez en cuando. Retire del calor.

6 En un cazo pequeño, coloque la mantequilla, golden syrup o miel maple y crema dulce para batir. Caliente hasta que la mantequilla se derrita.

7 Retire el cazo del calor y agregue el chocolate derretido, galletas, pistaches, almendras, cerezas, ralladura de naranja, pasas y mezcla de brandy.

8 Mezcle totalmente y coloque en el molde preparado. Aplane la superficie y refrigere por lo menos 4 horas, o hasta que esté firme.

9 Voltee el pastel y retire el plástico adherente. Espolvoree libremente con la cocoa en polvo, corte en barras y sirva. Almacene en el refrigerador cubriéndolas ligeramente.

INGREDIENTES
Rinde para 20 rebanadas

50 g/2 oz de pasas

3 ó 4 cucharadas de brandy (opcional)

100 g/3½ oz de chocolate oscuro

125 g/4 oz de manequilla sin sal

2 cucharadas de golden syrup o miel maple

90 ml/3 fl oz de crema dulce para batir

6 galletas marías, picadas toscamente

50 g/2 oz de pistaches sin cáscara, tostados y picados toscamente

50 g/2 oz de almendras sin piel, tostadas y picadas toscamente

50 g/2 oz de cerezas glaseadas, picadas toscamente

ralladura de 1 naranja

cocoa en polvo, cernida

Consejo Útil

Para partir estas barras más fácilmente caliente un cuchillo, pasándolo bajo el chorro de agua caliente, seque con una toalla de cocina limpia y rebane.

Barras Nanaimo

1 Engrase ligeramente un molde cuadrado de 23 cm/9 in y cubra con plástico adherente. Mezcle la mantequilla, azúcar, cocoa en polvo, huevo, migas de galleta, coco y nueces hasta integrar por completo. Presione firmemente en el molde preparado. Refrigere por lo menos durante 1 hora.

2 Para el relleno, acreme la mantequilla, natilla en polvo y extracto de vainilla. Agregue la leche y azúcar glass alternando, poniendo aproximadamente una tercera parte cada vez, hasta que esté uniforme. Extienda la mezcla sobre la base fría. Vuelva a refrigerar y deje enfriar una hora más.

3 Para el betún, derrita el chocolate oscuro con la mantequilla. Mezcle hasta integrar por completo. Vierta sobre el relleno y extienda rápidamente para cubrir la base y relleno con una capa delgada de betún.

4 Deje reposar de 5 a 10 minutos hasta que empiece a endurecer. Marque 18 divisiones sobre el chocolate con un cuchillo filoso. Refrigere hasta que esté firme y divida el pastel en cuadros. Sirva frío.

Consejo Útil

Estas barras se originaron en un pueblo del oeste de Canadá llamado Nanaimo. Es importante usar chocolate oscuro que no sea dulce ya que la capa de relleno es demasiado dulce y pesada. Tenga cuidado al derretir el chocolate oscuro para esta receta ya que el chocolate simple tiene mayor contenido de cocoa y si acelera el proceso poniéndolo sobre calor demasiado alto, ¡obtendrá un betún de chocolate opaco!

INGREDIENTES
Rinde 18 porciones

125 g/4 oz de mantequilla, derretida
40 g/1½ oz de azúcar granulada
25 g/1 oz de cocoa en polvo
1 huevo grande, ligeramente batido
175 g/6 oz de migas de galletas marías
75 g/3 oz de coco rallado o deshidratado
75 g/3 oz de nueces picadas

PARA EL RELLENO:

50 g/2 oz de mantequilla
2 cucharadas de pudín o flan en polvo
1 cucharadita de extracto de vainilla
3 cucharadas de leche
225 g/8 oz de azúcar glass, cernida

PARA EL BETÚN:

75 g/2 oz de chocolate oscuro
1 cucharada de mantequilla

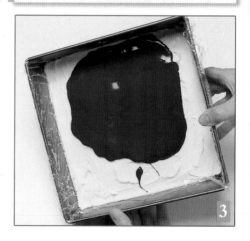

Barras Milagrosas

1 Precaliente el horno a 180°C/ 350°F, durante 10 minutos antes de hornear. Engrase generosamente con mantequilla un molde cuadrado de 23 cm y cubra con papel encerado para hornear.

2 Vierta la mantequilla en el molde preparado y agregue las migas de galleta, haciendo una capa delgada.

3 Integre las chispas de chocolate, coco y nueces en capas uniformes y bañe con la leche condensada.

4 Meta el molde al horno precalentado y cocine 30 minutos, hasta dorar. Deje enfriar en el molde, corte en 12 cuadros y sirva.

INGREDIENTES
Rinde 12 porciones

100 g/3½ oz de mantequilla, derretida, más 1 ó 2 cucharaditas para engrasar

125 g/4 oz de migas de galletas marías

175 g/6 oz de chispas de chocolate

75 g/3 oz de coco rallado o deshidratado

125g/4 oz de mezcla de nueces picadas

1 lata de 400 g de leche condensada

Dato Culinario

La leche condensada es leche pasteurizada y homogenizada que ha sido reducida aproximadamente a dos terceras partes de su volumen original, al hervirla bajo las más estrictas normas de calidad. Ya no se aconseja hervir la lata de leche condensada para convertirla en relleno de leche quemada para algunos pays. Para quemarla, coloque la leche en un cazo de base gruesa y hierva suavemente o coloque en un tazón de vidrio, cubierto con plástico adherente, haga una perforación y cocine a temperatura media en el microondas, en plazos de 1 ó 2 minutos. Revise continuamente para asegurarse que no se queme.

Barras de Migas de Manzana y Canela

1 Precaliente el horno a 190°C/ 375°F, durante 10 minutos antes de hornear. Coloque las manzanas, pasitas, azúcar, canela y ralladura de limón en un cazo sobre calor bajo.

2 Tape y cocine aproximadamente durante 15 minutos, moviendo de vez en cuando, hasta cocer la manzana. Retire la tapa, mueva con una cuchara de madera para desbaratarla totalmente.

3 Cocine de 15 a 30 minutos más sobre calor muy bajo hasta reducir, espesar y dorar ligeramente. Deje enfriar. Engrase ligeramente con aceite un molde de pastel cuadrado de 20.5 cm/8 in y forre con papel para hornear o papel encerado.

4 Integre la harina, azúcar, bicarbonato de sodio, avena y mantequilla hasta integrar por completo en migas.

5 Extienda la mitad de la mezcla de harina sobre la base del molde preparado y presione. Cubra con la mezcla de manzana.

6 Espolvoree con la mezcla de harina restante y presione ligeramente. Cocine en el horno precalentado de 30 a 35 minutos, hasta dorar.

7 Retire del horno y deje enfriar antes de cortar en rebanadas. Sirva las barras calientes o frías acompañando con crema ácida (crème fraîche) o crema batida.

INGREDIENTES
Rinde 16 porciones

450 g/1 lb de manzanas tipo Bramley o manzanas para cocinar, picadas toscamente
50 g/2 oz de pasitas
50 g/2 oz de azúcar molida (caster)
1 cucharadita de canela molida
ralladura de 1 limón
200g/7 oz de harina simple
250 g/9 oz de azúcar morena
½ cucharadita de bicarbonato de sodio
150 g/5 oz de avena
150 g/5 oz de mantequilla, derretida
crema ácida (crème fraîche) o crema batida, para acompañar

Consejo Sabroso

Este relleno es muy similar a la mantequilla de manzana americana. Para hacer mantequilla de manzana, cocine el relleno 30 minutos más en el paso número 2 sobre calor muy bajo, moviendo constantemente. Cuando se reduzca a una tercera parte (debe estar oscura) estará lista. es deliciosa si se unta en pan tostado.

Barras de Limón

1 Precaliente el horno a 170°C/ 325°F, durante 10 minutos antes de hornear. Engrase ligeramente con aceite un molde cuadrado para pastel de 20.5 cm/8 in y forre con papel encerado o papel para hornear.

2 Incorpore la harina con la mantequilla hasta que la mezcla parezca migas de pan. Agregue 50 g/2 oz de azúcar y mezcle.

3 Coloque la mezcla en el molde preparado y presione firmemente. Hornee en el horno precalentado durante 20 minutos, hasta que esté dorado claro.

4 Mientras tanto, mezcle en el procesador de alimentos el azúcar restante, harina, polvo para hornear, sal, huevos, jugo y ralladura de limón, hasta suavizar. Vierta sobre la costra preparada.

5 Meta al horno precalentado y cocine de 20 a 25 minutos más, hasta que esté prácticamente firme pero su centro quede un poco húmedo. Retire del horno y deje enfriar en el molde o sobre una rejilla de alambre.

6 Espolvoree con azúcar glass y corte en cuadros. Sirva frío o almacene en un recipiente hermético.

Dato Culinario

El polvo para hornear es un agente elevador preparado químicamente. Está hecho de cremor tártaro y bicarbonato de sodio y se mezcla con una levadura o harina seca. Es muy importante medirlo con exactitud para que la mezcla no se esponje demasiado rápido y luego se colapse y para que no de un sabor amargo al platillo.

INGREDIENTES
Rinde 24 porciones

175 g/6 oz de harina
125 g/4 oz de mantequilla
50 g/2 oz de azúcar granulada
200 g/7 oz de azúcar molida (caster)
2 cucharadas de harina
½ cucharadita de polvo para hornear
¼ cucharadita de sal
2 huevos medianos, ligeramente batidos
jugo y ralladura fina de 1 limón
azúcar glass cernida, para decorar

Cuadros de Jengibre Glaseados

1 Precaliente el horno a 200°C/ 400°F, durante 15 minutos antes de hornear. Engrase ligeramente con aceite un molde cuadrado para pastel de 20.5 cm/8 in y espolvoree con un poco de harina.

2 Mezcle el azúcar, mantequilla y melaza. Integre las claras de huevo.

3 Mezcle la harina, bicarbonato de sodio, clavos, canela, jengibre y sal.

4 Incorpore la mezcla de harina y buttermilk a la mezcla de mantequilla, alternando hasta integrar por completo.

5 Coloque a cucharadas en el molde preparado y cocine en el horno precalentado durante 35 minutos, o hasta que al insertar un palillo en el centro del pastel, salga limpio.

6 Retire del horno y deje enfriar 5 minutos en el molde antes de sacarlo y dejarlo enfriar sobre una rejilla de alambre o un plato grande. Usando un mezclador de bebidas, haga perforaciones sobre el pastel.

7 Mientras tanto, mezcle el azúcar glass con suficiente jugo de limón para hacer un glaseado fácil de untar.

8 Vierta el glaseado sobre el pastel caliente y deje enfriar. Corte el pastel de jengibre en cuadros y sirva.

INGREDIENTES
Rinde 12 porciones

225 g/8 oz de azúcar

50 g/2 oz de mantequilla, derretida

2 cucharadas de melaza negra

2 claras de huevos medianos, ligeramente batidos

225 g/8 oz de harina simple

1 cucharadita de bicarbonato de sodio

½ cucharadita de clavo molido

1 cucharadita de canela molida

¼ cucharadita de jengibre molido

1 pizca de sal

225 ml/8 fl oz de buttermilk

175 g/6 oz de azúcar glass

jugo de limón

Dato Culinario

La Buttermilk es un líquido que sale al convertir la crema en mantequilla. Se considera una alternativa sana para sustituir la crema agria ya que su contenido de grasa es menor. Contiene ácido láctico y cuando se mezcla con bicarbonato de sodio actúa como agente elevador.

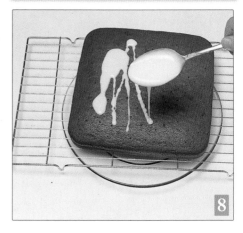

Tortitas Millonarias de Nuez y Caramelo

1 Precaliente el horno a 180°C/ 350°F, durante 10 minutos antes de hornear. Engrase ligeramente con aceite una charola para hornear de 18 cm x 28 cm/7 x 11 in y cubra con papel encerado o papel para hornear.

2 Bata la mantequilla, mantequilla de cacahuate y azúcar hasta aclarar. Cierna la fécula de maíz con la harina e integre para hacer una masa suave.

3 Extienda sobre la charola preparada y pique toda la superficie con un tenedor. Cocine en el horno precalentado durante 20 minutos, o hasta dorar. Retire del horno.

4 Mientras tanto, haga el betún. En un cazo con base gruesa combine el azúcar, mantequilla, golden syrup o miel maple, glucosa, agua y leche.

5 Mezcle constantemente sobre calor bajo hasta que empiece a hervir y el azúcar se haya disuelto. Aumente la temperatura, hierva moviendo constantemente durante aproximadamente 10 minutos o hasta que la mezcla se torne color caramelo dorado.

6 Retire el cazo del calor y agregue las nueces. Vierta inmediatamente sobre la base de panqué. Deje enfriar, refrigere por lo menos 1 hora.

7 Rompa el chocolate en trozos pequeños y coloque con la mantequilla en un tazón refractario.

8 Póngalo sobre un cazo con agua hirviendo a fuego lento, asegurándose de que el tazón no toque el agua. Derrita y mezcle hasta integrar por completo.

9 Retire la pasta del refrigerador y vierta el chocolate uniformemente sobre la superficie, extendiéndolo para hacer una cubierta delgada. Deje reposar, corte en cuadros y sirva.

INGREDIENTES
Rinde 20 porciones

125 g/4 oz de mantequilla, suavizada
2 cucharadas de mantequilla de cacahuate cremosa
75 g/3 oz de azúcar
75 g/3 oz de fécula de maíz
175 g/6 oz de harina simple

PARA EL BETÚN:
200 g/7 oz de azúcar
125 g/4 oz de mantequilla
2 cucharadas de miel maple
75 g/3 oz de glucosa líquida
75 ml/3 fl oz de agua
1 lata de 400 g de leche condensada
175 g/6 oz de nueces picadas
75 g/3 oz de chocolate oscuro
1 cucharada de mantequilla

Consejo Sabroso

En esta receta se puede usar cualquier tipo de nuez. ¿Por qué no sustituye las nueces por una variedad de nueces picadas, almendras o nueces de Brasil?

3

6

9

Flapjacks de Fruta y Nuez

1 Precaliente el horno a 180°C/ 350°F, durante 10 minutos antes de hornear. Engrase ligeramente con aceite un molde cuadrado para pastel de 23 cm/9 in.

2 En un cazo pequeño sobre calor bajo, derrita la mantequilla o margarina con el azúcar y miel. Retire del calor.

3 Incorpore las pasitas, nueces y avena a la mezcla de miel e integre por completo.

4 Pase cucharadas de la mezcla al molde preparado y presione. Meta al horno precalentado y cocine de 20 a 25 minutos.

5 Retire del horno y deje enfriar en el molde. Corte en barras mientras esté aún caliente.

6 Cierna el azúcar glass en un tazón pequeño e integre gradualmente el jugo de limón para hacer el glaseado.

7 Coloque en una manga con una boquilla delgada y presione para decorar los flapjacks haciendo líneas sobre ellos. Deje enfriar y sirva.

INGREDIENTES
Rinde 12 porciones

75 g/3 oz de mantequilla o margarina

125 g/4 oz de azúcar morena

3 cucharadas de golden syrup o miel maple

50 g/2 oz de pasitas

50 g/2 oz de nueces, picadas toscamente

175 g/6 oz de avena

50 g/2 oz de azúcar glass

1 a 1½ cucharadas de jugo de limón

Consejo Sabroso

Estos flapjacks están llenos de energía, pero si desea aumentar su valor nutricional puede agregar unas cucharadas de semillas de ajonjolí, girasol o de calabaza, además de trozos de fruta lista para comer como chabacano, piña o mango. También puede agregar chispas de chocolate, frutas glaseadas picadas y pasitas o pasas sultanas.

Dato Culinario

La avena utilizada en los flapjacks tambien se puede usar para cocinar gachas de avena (porridge), así como para hacer copas de avena (oatmeal), que constituyen una parte esencial de los haggis, las tartas de avena (oatcakes) y el whisky Athol Brose: todos grandes platos escoceses.

Brownies de Chocolate Fudge

1 Precaliente el horno a 180°C/ 350°F, durante 10 minutos antes de hornear. Engrase ligeramente con aceite un molde para pastel cuadrado de 20.5 cm/ 8 in y forre con papel encerado o papel para hornear.

2 Derrita la mantequilla con el chocolate en un tazón refractario colocado sobre un cazo con agua hirviendo a fuego lento. Pase la mezcla a un tazón grande.

3 Integre el azúcar y extracto de vainilla, e incorpore los huevos. Cierna la harina sobre la mezcla y envuelva con una cuchara de metal o espátula de hule. Coloque en el molde preparado.

4 Meta al horno precalentado y cocine 30 minutos o hasta que esté firme. Retire del horno y deje enfriar dentro del molde antes de sacarla y dejar enfriar sobre una rejilla de alambre.

5 Cierna el azúcar glass y cocoa en polvo sobre un tazón pequeño, haciendo una fuente en el centro.

6 Coloque la mantequilla en la fuente y agregue gradualmente 2 cucharadas de agua caliente. Mezcle para formar un betún fácil de extender.

7 Vierta el betún sobre la mezcla cocida. Deje que se endurezca antes de cortar en cuadros. Sirva los brownies cuando estén fríos.

INGREDIENTES
Rinde 16 porciones

125 g/4 oz de mantequilla

175 g/6 oz de chocolate oscuro, picado toscamente o en trozos

225 g/8 oz de azúcar molida (caster)

2 cucharaditas de extracto de vainilla

2 huevos medianos, ligeramente batidos

150 g/5 oz de harina simple

175 g/6 oz de azúcar glass

2 cucharadas de cocoa en polvo

15 g/½ oz de mantequilla

Dato Culinario

El chocolate se obtiene de la semilla del árbol de cacao y se introdujo a Europa en el siglo XVI. Se puede encontrar en diferentes formas que van desde la cocoa en polvo hasta el chocolate para hacer betún. Éste es el más recomendado para cocinar ya que tiene un alto contenido de mantequilla de cocoa y se derrite muy suavemente.

Brownies de Chocolate con Nuez

1 Precaliente el horno a 180°C/ 350°F, durante 10 minutos antes de hornear. Engrase ligeramente un molde para pastel cuadrado de 20.5 cm/8 in y forre con papel para hornear o papel encerado.

2 En un tazón pequeño, combine la mantequilla, azúcar y chocolate. Caliente suavemente hasta que cl azúcar y chocolate se hayan derretido, moviendo constantemente. Reserve y deje enfriar ligeramente.

3 En un tazón grande, mezcle la mantequilla de cacahuate, huevos y cacahuate.

4 Integre la mezcla de chocolate frío. Cierna la harina y mezcle con una cuchara de metal o espátula de hule, hasta integrar por completo.

5 Coloque en el molde preparado y cocine en el horno precalentado aproximadamente durante 30 minutos, o hasta que esté firme.

6 Deje enfriar 5 minutos dentro del molde antes de sacarlo y colocarlo sobre una rejilla de alambre hasta que se enfríe totalmente.

7 Para hacer el betún, derrita el chocolate en un refractario colocado sobre un cazo con agua hirviendo a fuego lento, asegurándose que la base del tazón no toque el agua.

8 Deje enfriar ligeramente, integre la crema agria hasta que esté suave y brillante. Unte sobre los brownies, refrigere hasta que esté firme y corte en cuadros. Sirva fríos.

INGREDIENTES
Rinde 16 porciones

125 g/4 oz de mantequilla

150 g/5 oz de azúcar morena, compactada

50 g/2 oz de chocolate oscuro, picado toscamente o en trozos

2 cucharadas de mantequilla de cacahuate cremosa

2 huevos medianos

50 g/2 oz de cacahuates asados sin sal, finamente picados

100 g/3½ oz de harina preparada para pastel (harina leudante)

PARA EL BETÚN:

125 g/4 oz de chocolate oscuro, picado toscamente o en trozos

50 ml/2 fl oz de crema agria

Consejo Sabroso

Para aquellos con buen diente para los postres, sustituya el chocolate oscuro que se usa en el betún por chocolate blanco. Al igual que con el chocolate oscuro, compre un chocolate blanco de buena calidad y tenga cuidado cuando lo derrita, ya que se quema fácilmente en el microondas.

Galletas Chiclosas de Chocolate y Nuez

1 Precaliente el horno a 180°C/ 350°F, durante 10 minutos antes de hornear. Engrase ligeramente con mantequilla varias charolas para hornear y fórrelas con papel encerado. Coloque las claras de huevo en un tazón grande, libre de grasa, y bata con una batidora eléctrica hasta que las claras de huevo estén muy esponjosas.

2 Agregue el azúcar, con la cocoa en polvo, harina y café en polvo. Bata una vez más hasta integrar los ingredientes por completo. Agregue 1 cucharada de agua y continúe batiendo, a velocidad alta, hasta que la mezcla esté muy espesa. Incorpore las nueces picadas.

3 Coloque cucharadas de la mezcla sobre las charolas para hornear, dejando suficiente espacio entre ellas ya que se extienden al cocerse.

4 Cocine en el horno precalentado de 12 a 15 minutos o hasta que sus superficies estén firmes, doradas y ligeramente agrietadas. Deje enfriar 30 segundos y, usando una espátula, páselas a una rejilla de alambre y deje enfriar. Almacene en un recipiente hermético.

INGREDIENTES
Rinde 18 porciones

15 g/½ oz de mantequilla
4 claras de huevo
350 g/12 oz de azúcar glass
75 g/3 oz de cocoa en polvo
2 cucharadas de harina simple
1 cucharadita de café instantáneo en polvo
125 g/4 oz de nueces, finamente picadas

Consejo del Chef

Cuando los españoles se llevaron la semilla de cocoa a España, también llevaron la palabra "cacao". En todos los países europeos aún se conoce como cacao, únicamente en América le damos el nombre de cocoa.

Consejo del Chef

Aunque las nueces dan a estas galletas un excelente sabor, también las avellanas o alguna mezcla de nueces combinan con el sabor del chocolate y café.

Galletas de Chocolate Blanco

1 Precaliente el horno a 180°C/ 350°F, durante 10 minutos antes de hornear. Engrase ligeramente con 15 g/½ oz de mantequilla varias charolas para hornear. En un tazón grande bata la mantequilla restante con ambos azúcares usando una cuchara de madera o batidora eléctrica hasta que esté suave y esponjosa.

2 Bata el huevo e integre gradualmente a la mezcla que suavizó. Continúe batiendo. Mezcle la harina con el bicarbonato de sodio e integre con la mezcla, añadiendo algunas gotas de extracto de vainilla.

3 Pique el chocolate y avellanas en trozos pequeños e integre cuidadosamente. Mezcle para integrar.

4 Coloque cucharaditas copeteadas de la mezcla sobre las charolas para hornear preparadas, asegurándose de dejar suficiente espacio entre cada una ya que se extienden al cocerse.

5 Cocine las galletas en el horno precalentado durante 10 minutos o hasta que se doren, retire del horno y deje enfriar 1 minuto. Usando una espátula, pase cuidadosamente a una rejilla de alambre y deje enfriar totalmente. Las galletas saben mejor si se comen el día en que son preparadas. Almacene en un recipiente hermético.

INGREDIENTES
Rinde 24 porciones

140 g/4½ oz de mantequilla

40 g/1½ oz de azúcar molida (caster)

60 g/2½ oz de azúcar morena oscura

1 huevo

125 g/4 oz de harina simple

½ cucharadita de bicarbonato de sodio

algunas gotas de extracto de vainilla

150 g/5 oz de chocolate blanco

50 g/2 oz de avellanas enteras, sin cáscara

Consejo del Chef

El chocolate blanco se puede encontrar en tablilla o en chispas. Como no contiene cocoa, busque alguno que tenga un buen porcentaje de manteca de cacao, ya que es ésta la que da al chocolate su deliciosa y cremosa textura.

Barras Chiclosas de Chocolate

1 Precaliente el horno a 180°C/ 350°F, durante 10 minutos antes de hornear. Engrase ligeramente con aceite un molde cuadrado de 18 cm/ 7 in y forre la base con papel encerado. Enjuague totalmente las cerezas en almíbar, escurra sobre toallas de papel y reserve.

2 Coloque las nueces sobre una charola para hornear y ase en el horno precalentado durante 10 minutos o hasta que se doren ligeramente. Deje enfriar, pique y reserve.

3 Parta el chocolate en trozos pequeños y coloque, con la mantequilla y la sal, en la parte superior de un hervidor doble o en un tazón colocado sobre un cazo con agua hirviendo a fuego lento. Caliente suavemente moviendo hasta que se derrita y suavice. O, si lo desea, derrita el chocolate en el microondas, siguiendo las instrucciones del fabricante.

4 Pique las galletas en trozos de 5 mm/¼ in y parta las cerezas a la mitad. Integre la mezcla de chocolate con las nueces y bata. Coloque cucharadas de la mezcla en el molde preparado y empareje la superficie.

5 Refrigere 30 minutos, retire del molde, deseche el papel de hornear y corte en 14 barras. Tape ligeramente, vuelva a refrigerar y mantenga frías hasta la hora de servir. Para servirlas, espolvoree ligeramente con el azúcar glass cernida, si la usa. Almacene tapadas dentro del refrigerador.

INGREDIENTES
Rinde 14 porciones

25 g/1 oz de cerezas en almíbar
60 g/2½ oz de avellanas sin cáscara
150 g/5 oz de chocolate oscuro simple
150 g/5 oz de mantequilla sin sal
¼ cucharadita de sal
150 g/5 oz de galletas tipo marías
1 cucharada de azúcar glass, cernida, opcional

Consejo del Chef

Para estas barras, es mejor usar un chocolate simple con aproximadamente 50 por ciento de grasa de cocoa. El chocolate demasiado oscuro no le da un buen sabor, ya que es demasiado amargo.

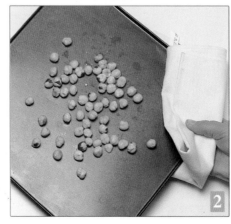

Shortcakes de Chocolate

1 Precaliente el horno a 170°C/ 325°F, durante 10 minutos antes de hornear. Engrase ligeramente varias charolas de hornear y cubra con papel encerado. Coloque la mantequilla, azúcar glass y extracto de vainilla en un procesador de alimentos y mezcle hasta suavizar. O, si lo desea, suavice la mantequilla, azúcar glass y extracto de vainilla en un tazón grande, usando una cuchara de madera.

2 Cierna la harina con la cocoa en polvo y sal. Coloque en el procesador de alimentos a velocidad alta para formar una masa o agregue al tazón y mezcle usando sus manos, hasta obtener una masa suave.

3 Extienda la masa sobre una charola limpia cubierta con plástico adherente. Tape con otra capa de plástico adherente y extienda la masa hasta que quede de 1 cm/½ in de grueso. Coloque con todo y charola en el refrigerador y deje enfriar de 1½ a 2 horas.

4 Retire el plástico adherente de la parte superior y use un molde de 5 cm/2 in para cortar 30 ó 32 círculos de masa. Coloque los círculos sobre las charolas preparadas y cocine en el horno precalentado durante 15 minutos o hasta que estén firmes.

5 Deje enfriar 1 minuto y, usando una espátula, retire cuidadosamente del papel encerado y pase a una rejilla de alambre. Deje enfriar totalmente. Espolvoree con azúcar glass antes de servir. Puede almacenar en un recipiente hermético durante varios días.

INGREDIENTES
Rinde de 30 a 32 porciones

225 g/8 oz de mantequilla sin sal, suavizada

150 g/5 oz de azúcar glass

1 cucharadita de extracto de vainilla

250 g/9 oz de harina simple

25 g/1 oz de cocoa en polvo

¼ cucharadita de sal

azúcar glass adicional, para decorar

Consejo del Chef

Al usar azúcar glass en lugar de azúcar molida da una consistencia realmente crujiente a los shortcakes. Asegúrese de usar mantequilla en vez de margarina para obtener la consistencia típica del shortbread.

Macarrones de Chocolate

1 Precaliente el horno a 180°C/ 350°F, durante 10 minutos antes de hornear. Engrase ligeramente con aceite varias charolas para hornear y cubra con papel encerado. Derrita el chocolate en un refractario colocado sobre una olla con agua hirviendo a fuego lento. O, si lo desea, derrita en el microondas de acuerdo a las instrucciones del fabricante. Mezcle hasta suavizar, deje enfriar ligeramente.

2 Coloque las almendras molidas en un procesador de alimentos y agregue el azúcar, esencia de almendra, cocoa en polvo y 1 de las claras de huevo. Agregue el chocolate derretido y un poco de la clara de huevo y mezcle para obtener una pasta suave. O, si lo desea, coloque las almendras molidas con el azúcar, esencia de almendra y cocoa en polvo en un tazón y haga una fuente en el centro. Agregue el chocolate derretido con la suficiente clara de huevo y mezcle gradualmente hasta obtener una pasta suave pero no pegajosa.

3 Haga bolitas del tamaño de nueces grandes con la masa y colóquelas sobre las charolas preparadas. Aplánelas ligeramente y barnice con un poco de agua. Espolvoree con un poco de azúcar glass y cocine en el horno precalentado de 10 a 12 minutos o hasta que estén firmes.

4 Usando una espátula, levante cuidadosamente los macarrones del papel encerado y deje enfriar sobre una rejilla de alambre. Estos macarrones son mejores si se sirven de inmediato, pero pueden almacenarse en un recipiente hermético.

Consejo del Chef

Si prefiere, puede hornear estas galletas sobre papel de arroz comestible que puede encontrar en el área de productos para hornear de los supermercados. Cubra la charola para hornear con el papel de arroz y coloque la mezcla sobre el papel siguiendo las instrucciones de esta receta. Cocine en el horno precalentado, rompa el papel para separar los macarrones.

INGREDIENTES
Rinde 20 porciones

650 g/2½ oz de chocolate oscuro simple

125 g/4 oz de almendras molidas

125 g/4 oz de azúcar molida (caster)

¼ cucharadita de esencia de almendra

1 cucharada de cocoa en polvo

2 claras de huevo

1 cucharada de azúcar glass

Florentinas de Chocolate y Jengibre

1 Precaliente el horno a 180°C/350°F, durante 10 minutos antes de hornear. Engrase ligeramente varias charolas para hornear. Derrita la mantequilla con la crema y azúcar en un cazo y hierva lentamente. Retire del calor e integre las almendras y jengibre glaseado.

2 Deje enfriar ligeramente, incorpore la harina y la sal. Mezcle y coloque cucharadas copeteadas de la mezcla sobre las charolas preparadas. Asegúrese de dejar el suficiente espacio entre ellas ya que al cocerse, se extienden. Aplánelas ligeramente con el dorso de una cuchara mojada.

3 Cocine en el horno precalentado de 10 a 12 minutos o hasta que sus orillas estén doradas. Deje enfriar ligeramente. Usando una espátula, pase las Florentinas cuidadosamente a una rejilla de alambre y deje enfriar.

4 Derrita el chocolate en un refractario colocado sobre un cazo con agua hirviendo a fuego lento. O, si lo desea, derrita el chocolate en el microondas de acuerdo a las instrucciones del fabricante, hasta que esté líquido y suave. Extienda una capa gruesa sobre las Florentinas, haciendo ondas en el chocolate con ayuda de un tenedor. Deje reposar hasta que esté firme.

INGREDIENTES
Rinde de 14 a 16 porciones

40 g/1½ oz de mantequilla
5 cucharadas de crema para batir
50 g/2 oz de azúcar molida (caster)
60 g/2½ oz de almendras picadas
25 g/1 oz de hojuelas de almendras
40 g/1½ oz de jengibre glaseado, picado
25 g/1 oz de harina simple
una pizca de sal
150 g/5 oz de chocolate oscuro simple

Consejo del Chef

Estas galletas se extienden mucho al hornearse. Para hacer galletas uniformes, y con buena presentación, trate de darles forma con un molde sencillo para galletas de 7.5 cm/3 in tan pronto las saque del horno y aún estén muy calientes y flexibles. Al hacer estas Florentinas únicamente coloque de 3 a 4 en cada charola para hornear, para asegurarse de poder retirarlas fácilmente de la charola una vez cocidas. Deje enfriar aproximadamente 1 minuto y desprenda suavemente la orilla de cada Florentina con un cuchillo de cuchilla redonda. Una vez sueltas, deje enfriar sobre una rejilla de alambre.

Biscotti Italiano

1 Precaliente el horno a 190°C/ 375°F, durante 10 minutos antes de hornear. Engrase ligeramente con aceite 3 ó 4 charolas para hornear y reserve. Suavice la mantequilla con el azúcar en un tazón e integre el extracto de vainilla. Cuando esté ligera y esponjosa, siga batiendo e incorpore el huevo con la canela, ralladura de limón y almendras molidas. Integre la harina para hacer una masa firme.

2 Amase ligeramente hasta suavizar y dejar sin grietas. Forme bloques rectangulares de 4 cm/1½ in de espesor con la masa, envuelva en papel encerado y refrigere por lo menos 2 horas.

3 Corte la masa fría en rebanadas de 5 mm/¼ in, coloque sobre las charolas para hornear y cocine en el horno precalentado de 12 a 15 minutos o hasta que estén firmes. Retire del horno, deje enfriar ligeramente y pase a una rejilla de alambre.

4 Cuando estén totalmente frías, derrita el chocolate en un refractario colocado sobre una olla con agua hirviendo a fuego lento. O, si lo desea, derrita el chocolate en el microondas de acuerdo a las instrucciones del fabricante. Coloque en una manga de repostería y cubra las galletas. Deje secar sobre una hoja de papel encerado antes de servir.

INGREDIENTES
Rinde de 26 a 28 porciones

150 g/5 oz de mantequilla
200 g/7 oz de azúcar molida (caster)
¼ cucharadita de extracto de vainilla
1 huevo pequeño, batido
¼ cucharadita de canela molida
ralladura de 1 limón
15 g/½ oz de almendras molidas
150 g/5 oz de harina simple
150 g/5 oz de chocolate oscuro simple

Consejo del Chef

Cuando use extracto de vainilla, asegúrese que sea auténtico. No use saborizante a vainilla que es un sustituto barato. O, si lo desea, use azúcar molida con sabor a vainilla que es muy fácil de hacer. Únicamente coloque una vaina de vainilla en un tarro limpio con tapa de rosca y llénelo con azúcar molida. Cierre y deje reposar en un lugar frío y oscuro de 2 a 3 semanas antes de usarlo.

Consejo del Chef

Estas deliciosas galletitas se sirven tradicionalmente en Italia, con un vino dulce para acompañar el postre llamado Vin Santo.

Galletas Refrigeradas de Chocolate y Nuez

1 Precaliente el horno a 190°C/ 375°F, durante 10 minutos antes de hornear. Engrase ligeramente varias charolas para hornear con 15 g/½ oz de mantequilla. En un tazón grande, suavice la mantequilla restante con ambos azúcares hasta obtener una mezcla clara y esponjosa. Agregue el huevo y bata.

2 Cierna la harina con el bicarbonato de sodio y cocoa en polvo e integre gradualmente con la mezcla que suavizó, añadiendo las nueces picadas. Incorpore totalmente hasta obtener una masa tersa pero firme.

3 Coloque la masa sobre una superficie ligeramente enharinada y dele forma de salchichas de aproximadamente 5 cm/2 in de diámetro. Envuelva en plástico adherente y refrigere por lo menos 12 horas, o de preferencia durante toda la noche.

4 Corte la masa en rebanadas delgadas y colóquelas sobre las charolas preparadas. Cocine en el horno precalentado de 8 a 10 minutos o hasta que estén firmes. Retire del horno y deje enfriar ligeramente. Usando una espátula, pase a una rejilla de alambre y deje enfriar. Almacene en un recipiente hermético.

Consejo del Chef

Esta masa durará de 4 a 5días bien envuelta en el refrigerador. Corte y hornee las galletas a medida que las necesite. Al engrasar las charolas para hornear para hacer galletas, tenga cuidado de la cantidad de aceite o mantequilla que use, especialmente si usa charolas antiadherentes. Algunas mezclas que contienen alta proporción de grasa, no deben hornearse en charolas engrasadas. Si las engrasa, probablemente se extenderán demasiado.

INGREDIENTES
Rinde 18 porciones

- 165 g/5½ oz de mantequilla ligeramente salada
- 150 g/5 oz de azúcar morena oscura
- 25 g/1 oz de azúcar granulada
- 1 huevo mediano, batido
- 200 g/7 oz de harina simple
- ½ cucharadita de bicarbonato de sodio
- 25 g/1 oz de cocoa en polvo
- 125 g/4 oz de nueces, finamente picadas

Galletas de Chocolate y Avellana

1 Precaliente el horno a 180°C/ 350°F, durante 10 minutos antes de hornear. Engrase ligeramente con aceite y enharine 2 ó 3 charolas para hornear. Pique 25 g/1 oz de las avellanas y reserve. Mezcle las avellanas restantes con el azúcar molida en un procesador de alimentos hasta moler finamente. Agregue la mantequilla al tazón del procesador y mezcle hasta que esté clara y cremosa.

2 Agregue la sal, cocoa en polvo y la crema para batir; mezcle. Pase toda la mezcla a un tazón, usando una espátula e integre las claras de huevo. Cierna la harina e integre con la mezcla añadiendo el ron.

3 Coloque cucharadas copeteadas de la mezcla sobre las charolas para hornear y cubra con algunas de las avellanas reservadas. Cocine en el horno precalentado de 5 a 7 minutos o hasta que estén firmes. Retire las galletas del horno y deje enfriar de 1 a 2 minutos. Usando una espátula, páselas a una rejilla de alambre y deje enfriar.

4 Cuando las galletas estén frías, derrita el chocolate en un refractario colocado sobre un cazo con agua hirviendo a fuego lento. Mezcle hasta suavizar y rocíe un poco de chocolate sobre cada galleta. Deje secar sobre una rejilla de alambre antes de servir.

INGREDIENTES
Rinde 12 porciones

75 g/3 oz de avellanas sin cáscara

100 g/3½ oz de azúcar molida (caster)

50 g/2 oz de mantequilla sin sal

una pizca de sal

5 cucharaditas de cocoa en polvo

3 cucharadas de crema para batir

2 claras de huevo

40 g/1½ oz de harina simple

2 cucharadas de ron

75 g/3 oz de chocolate blanco

Consejo del Chef

Tenga cuidado de no picar las avellanas durante demasiado tiempo en el procesador de alimentos ya que se hacen demasiado grasosas. Para retirar la cáscara de las avellanas o cualquier otro tipo de nuez, simplemente colóquelas sobre una charola para hornear y caliéntelas en el horno durante 10 minutos. Retírelas y colóquelas sobre una toalla de cocina limpia y frote para retirar las cáscaras.

Galletas de Chocolate y Almendra

1 Precaliente el horno a 200°C/ 400°F, durante 15 minutos antes de hornear. Engrase ligeramente varias charolas para hornear con aceite. Suavice la mantequilla y azúcar glass hasta que la mezcla esté clara y esponjosa. Gradualmente integre el huevo, batiendo bien después de cada adición. Cuando haya añadido todo el huevo, agregue la leche y ralladura de limón.

2 Cierna la harina e integre con la mezcla añadiendo las almendras picadas hasta obtener una masa suave y flexible. Envuelva en plástico adherente y refrigere 2 horas.

3 Extienda la masa sobre una superficie ligeramente enharinada, haciendo un óvalo de 5 mm/¼ in de espesor. Corte en tiras de aproximadamente 6.5 cm/2½ in de largo y 4 cm/1½ in de ancho y colóquelas sobre las charolas para hornear preparadas.

4 Cocine en el horno precalentado 15 minutos o hasta dorar. Retírelas del horno y deje enfriar unos minutos. Pase a una rejilla de alambre y deje enfriar por completo.

5 Derrita el chocolate en un refractario colocado sobre un cazo con agua hirviendo a fuego lento. O, si lo desea, derrita el chocolate en el microondas de acuerdo a las instrucciones del fabricante, hasta suavizar. Unte una capa gruesa del chocolate sobre las galletas, espolvoree con las hojuelas de almendras y deje reposar antes de servirlas.

INGREDIENTES
Rinde de 18 a 20 porciones

140 g/4½ oz de mantequilla
60 g/2½ oz de azúcar glass
1 huevo, batido
1 cucharada de leche
ralladura de 1 limón
250 g/9 oz de harina simple
100 g/3½ oz de almendras sin cáscara, picadas
125 g/4 oz de chocolate oscuro simple
75 g/3 oz de hojuelas de almendras, tostadas

Consejo del Chef

Para decorar estas galletas, puede sustituir las hojuelas de almendras por lajas de almendras. Son fáciles de hacer; únicamente corte almendras enteras sin piel en lajas delgadas.

Barras de Higo y Chocolate

1 Precaliente el horno a 180°C/ 350°F, durante 10 minutos antes de hornear. Engrase ligeramente con aceite un molde cuadrado de 18 cm/7 in. Coloque la mantequilla y la harina en un tazón grande y, usando las yemas de sus dedos, intégrelas hasta que parezcan finas migas de pan.

2 Incorpore el azúcar y, usando sus manos, junte la mezcla para formar una masa suave. Amase hasta suavizar. Coloque y presione en el molde preparado. Pique ligeramente la base con un tenedor y cocine en el horno precalentado de 20 a 30 minutos o hasta dorar. Retire del horno y deje enfriar en el molde hasta que esté totalmente frío.

3 Mientras tanto, coloque los higos secos, jugo de limón, 125 ml/4 fl oz de agua y canela molida en una olla y hierva. Tape y hierva a fuego lento 20 minutos o hasta suavizar, moviendo de vez en cuando durante el cocimiento. Deje enfriar ligeramente, haga puré en un procesador de alimentos hasta suavizar. Una vez frío, unte sobre el panqué cocido.

4 Derrita el chocolate en un refractario colocado en un cazo con agua hirviendo a fuego lento. O, si lo desea, derrita el chocolate en el microondas de acuerdo a las instrucciones del fabricante. Mezcle hasta suavizar, extienda sobre el relleno de higo. Deje reposar hasta que esté firme, corte en 12 barras y sirva.

INGREDIENTES
Rinde 12 porciones

125 g/4 oz de mantequilla

150 g/5 oz de harina simple

50 g/2 oz de azúcar morena clara

225 g/8 oz de higos cristalizados, en mitades

jugo de ½ limón grande

1 cucharadita de canela molida

125 g/4 oz de chocolate oscuro simple

Consejo del Chef

Si no encuentra higos cristalizados, remoje higos secos en agua hirviendo durante 20 minutos hasta que se esponjen. Escurra y use siguiendo las instrucciones anteriores.

Flapjacks Cubiertos con Chocolate

1 Precaliente el horno a 180°C/ 350°F, durante 10 minutos antes de hornear. Engrase ligeramente con aceite una charola para niño envuelto de 33 x 23 cm/13 x 9 in y cubra con papel encerado para hornear. En un tazón coloque la harina, avena, azúcar moscabado claro, bicarbonato de sodio y sal; incorpore.

2 Derrita la mantequilla con la golden syrup o miel maple en una olla de base gruesa y mezcle hasta suavizar. Agregue la mezcla de avena e integre por completo. Coloque cucharadas de la mezcla en la charola preparada, presionando firmemente para emparejar la superficie.

3 Hornee en el horno precalentado de 15 a 20 minutos o hasta dorar. Retire del horno y deje enfriar el flapjack en el molde. Una vez frío, retire del molde. Deseche el papel encerado.

4 Derrita el chocolate en un refractario colocado en una olla con agua hirviendo a fuego lento. O, si lo desea, derrita el chocolate en el microondas de acuerdo a las instrucciones del fabricante. Una vez derretido, integre la crema batiendo rápidamente, vierta sobre el flapjack. Cuando el chocolate esté casi firme decórelo con un tenedor.

5 Refrigere el flapjack por lo menos 30 minutos antes de cortarlo en barras. Cuando esté firme, sirva. Almacene en un recipiente hermético durante varios días.

INGREDIENTES
Rinde 24 porciones

215 g/7½ oz de harina simple

150 g/5 oz de avena

225 g/8 oz de azúcar moscabado claro

1 cucharadita de bicarbonato de sodio

una pizca de sal

150 g/5 oz de mantequilla

2 cucharadas de golden syrup o miel maple

250 g/9 oz de chocolate oscuro simple

5 cucharadas de crema para batir

Consejo del Chef

Engrase ligeramente su cuchara de medir antes de sumergirla en la golden syrup. De esta forma, la miel se resbalará fácilmente. O, si lo desea, caliente la miel ligeramente antes de medirla.

Dedos de Shortbread

1 Precaliente el horno a 150°C/ 300°F, durante 10 minutos antes de hornear. Engrase ligeramente con aceite 2 charolas para hornear. En un tazón grande, cierna la harina. Corte 75 g/3 oz de la mantequilla y la manteca vegetal en cubos pequeños. Agregue la harina y, usando las yemas de sus dedos, integre hasta que la mezcla parezca migas finas de pan.

2 Incorpore el azúcar granulada, cornflour cernido y 4 cucharadas de cocoa en polvo. Amase con sus manos hasta obtener una masa suave y flexible.

3 Coloque sobre una superficie ligeramente enharinada y forme 12 bolas pequeñas. Coloque sobre las charolas para hornear, dejando una separación de por lo menos 5 cm/2 in entre ellas. Presione cada una con su dedo pulgar limpio para hacer un hueco.

4 Hornee en el horno precalentado de 20 a 25 minutos o hasta que estén ligeramente doradas. Retire del horno y deje enfriar de 1 a 2 minutos. Pase a una rejilla de alambre y deje enfriar.

5 En un tazón cierna el azúcar glass con la cocoa en polvo restante y agregue la mantequilla suavizada restante. Mezcle con 1 ó 2 cucharadas de agua caliente para formar un glaseado suave y fácil de untar. Extienda un poco del glaseado sobre cada galleta y coloque media cereza sobre cada una. Deje reposar antes de servir.

INGREDIENTES
Rinde 12 porciones

125 g/4 oz de harina preparada para pastel (leudante)
125 g/4 oz de mantequilla suavizada
25 g/1 oz de manteca vegetal blanca
50 g/2 oz de azúcar granulada
25 g/1 oz de cornflour, cernido
5 cucharadas de cocoa en polvo, cernida
125 g/4 oz de azúcar glass
6 cerezas en almíbar de varios colores, lavadas, secas y en mitades

Consejo del Chef

Después de hornear, retire las galletas cocidas de las charolas para hornear lo más rápido posible, pues continuarán cociéndose y pueden quemarse. Deje enfriar totalmente sobre rejillas de alambre antes de almacenarlas en recipientes herméticos.

Consejo del Chef

Al combinar mantequilla y manteca vegetal en estas galletas se logra una consistencia más suave que si usara sólo mantequilla.

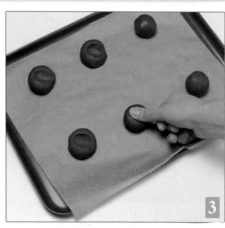

Galletas a Cuadros

1 Precaliente el horno a 190°C/ 375°F, durante 10 minutos antes de hornear. Engrase ligeramente con aceite 3 ó 4 charolas para hornear. Coloque la mantequilla y azúcar glass en un tazón y suavice hasta que esté clara y esponjosa.

2 Agregue la sal, integre gradual- mente la harina, batiendo bien después de cada adición. Mezcle hasta obtener una masa firme. Corte la masa a la mitad y agregue la cocoa en polvo a una mitad. Envuelva ambas porciones de masa por separa- do con plástico adherente y refrigere 2 horas.

3 Divida cada trozo de masa en 3 porciones. Enrolle cada porción de masa haciendo un rollo largo y

acomode los rollos uno sobre otro para hacer un diseño a cuadros, sellándolos con clara de huevo. Envuelva con plástico adherente y refrigere 1 hora.

4 Corte la masa en rebanadas de 5 mm/¼ in de grueso, coloque sobre las charolas y hornee de 10 a 15 minutos. Retire del horno y deje enfriar unos minutos. Pase a una rejilla de alambre y deje reposar hasta que estén frías antes de servir. Almacene en un recipiente hermético.

INGREDIENTES
Rinde 20 porciones

150 g/5 oz de mantequilla
75 g/3 oz de azúcar glass
una pizca de sal
200 g/7 oz de harina simple
25 g/1 oz de cocoa en polvo
1 clara de huevo

Consejo del Chef

Cuando hornee galletas, use una pala o espátula para pescado para pasar las galletas cortadas de la superficie de trabajo a las charolas para hornear. Use charolas resistentes para hornear que no se doblen o tuerzan en el horno. Las charolas para hornear con silicón antiadherente, que pueden conseguirse actualmente, son ideales para hacer galletas. Siga las instrucciones del fabricante para engrasarlas.

Consejo del Chef

Las recetas para galletas y pastas dulces a menudo contienen una pizca de sal. Esto ayuda a mejorar el sabor dulce sin hacerlo salado.

Bocadillos de Coco y Almendras

1 Precaliente el horno a 150°C/ 300°F, durante 10 minutos antes de hornear. Forre varias charolas para hornear con papel arroz. Coloque las claras de huevo en un tazón limpio, libre de grasa y bata hasta que se formen picos duros y parados. Cierna el azúcar glass e integre cuidadosamente la mitad del azúcar con las claras de huevo batidas y las almendras molidas. Agregue el coco, el azúcar glass restante y la ralladura de limón. Mezcle para formar una masa muy pegajosa.

2 Coloque la mezcla en una manga de repostería y presione para formar bocadillos del tamaño de una nuez sobre papel arroz. Espolvoree con un poco más de azúcar glass. Hornee de 20 a 25 minutos, o hasta que estén firmes y

dorados por fuera. Retire del horno y deje enfriar ligeramente. Usando una espátula, pase cuidadosamente a una rejilla de alambre y deje enfriar.

3 Trocee el chocolate de leche y el chocolate blanco. Coloque en 2 refractarios separados. Derrita ambos chocolates colocándolos en ollas con agua hirviendo a fuego lento. O, si lo desea, derrita en el microondas, siguiendo las instrucciones del fabricante. Mezcle hasta suavizar y que esté libre de grumos. Remoje una orilla de cada bocadillo en el chocolate de leche y por el otro lado en el chocolate blanco. Deje reposar hasta que esté firme y sirva tan pronto sea posible.

INGREDIENTES
Rinde de 26 a 30 porciones

5 claras de huevo

250 g/9 oz de azúcar glass, más el necesario para espolvorear

225 g/8 oz de almendras molidas

200 g/7 oz de coco deshidratado

ralladura de 1 limón

125 g/4 oz de chocolate de leche

125 g/4 oz de chocolate blanco

Consejo del Chef

Si prefiere, puede colocar cucharadas de esta mezcla sobre papel arroz. Sin embargo, al darle forma a esta masa con una manga de repostería, hace que los bocaditos salgan más parejos.

Corazones de Miel y Chocolate

1 Precaliente el horno a 220°C/ 425°F, durante 15 minutos antes de hornear. Engrase ligeramente con aceite 2 charolas para hornear. En un cazo pequeño, caliente el azúcar con la mantequilla y la miel hasta que se derritan y la mezcla esté suave.

2 Retire del calor y mezcle hasta que se enfríe ligeramente. Agregue el huevo batido con la sal y bata bien. Integre la cáscara mixta o jengibre glaseado, canela molida, clavos molidos, harina y el polvo para hornear; mezcle hasta obtener una masa. Envuelva con plástico adherente y refrigere 45 minutos.

3 Coloque la masa refrigerada sobre una superficie ligera- mente enharinada. Extiéndala hasta obtener un espesor de 5 mm/¼ in y corte corazones pequeños. Colóquelos sobre las charolas preparadas y hornee en el horno precalentado de 8 a 10 minutos. Retire del horno y deje enfriar ligeramente. Usando una espátula, pase a una rejilla de alambre hasta que estén fríos.

4 Derrita el chocolate en un refractario colocado en una olla con agua hirviendo a fuego lento. O, si lo desea, derrita el chocolate en el microondas, siguiendo las instrucciones del fabricante, hasta que esté suave. Remoje la mitad de cada galleta en el chocolate derretido. Deje reposar antes de servir.

INGREDIENTES
Rinde aproximadamente 20 porciones

60 g/2½ oz de azúcar molida (caster)

15 g/½ oz de mantequilla

125 g/4 oz de miel de abeja espesa

1 huevo, batido

una pizca de sal

1 cucharada de juliana de cítricos

jengibre glaseado

¼ cucharadita de canela molida

una pizca de clavo molido

225 g/8 oz de harina simple, cernida

½ cucharadita de polvo para hornear, cernido

75 g/3 oz de chocolate de leche

Consejo del Chef

Cuando corte los corazones empiece por la orilla exterior y trabaje hacia el centro, cortándolos lo más cerca posible para disminuir el desperdicio. Presione el sobrante ligeramente para unirlo y extiéndalo una vez más. Deseche la masa restante ya que se endurecerá y dará como resultado galletas más pesadas, que se romperán con facilidad.

Consejo del Chef

Experimente con diferentes tipos de miel para variar el sabor de las galletas. Por ejemplo, la miel de acacia es muy suave, mientras que la miel de brezo tiene un sabor más fuerte.

Galletas de Chocolate con Naranja

1 Precaliente el horno a 200°C/ 400°F, durante 15 minutos antes de hornear. Engrase ligeramente con aceite varias charolas para hornear. Ralle toscamente el chocolate y reserve. Bata la mantequilla con el azúcar hasta suavizar. Agregue la sal, huevo batido y la mitad de la ralladura de naranja y bata una vez más.

2 Cierna la harina y el polvo para hornear, agregue al tazón con el chocolate rallado y la mezcla de mantequilla y bata para formar una masa. Haga una bola, envuelva con plástico adherente y refrigere 2 horas.

3 Extienda la masa sobre una superficie ligeramente enharinada hasta obtener un espesor de 5 mm/¼ in y corte en círculos de 5 cm/2 in. Coloque los círculos sobre las charolas preparadas, dejando lugar para que esponjen. Hornee en el horno precalentado de 10 a 12 minutos o hasta que estén firmes. Retire las galletas del horno y deje enfriar ligeramente. Usando una espátula, pase a una rejilla de alambre y deje enfriar.

4 Cierna el azúcar glass en un tazón pequeño y agregue suficiente jugo de naranja para obtener un glaseado suave y fácil de untar. Unte el glaseado sobre las galletas. Deje reposar hasta que esté casi firme, espolvoree con la ralladura de naranja restante antes de servir.

INGREDIENTES
Rinde 30 porciones

100 g/3½ oz de chocolate oscuro simple

125 g/4 oz de mantequilla

125 g/4 oz de azúcar molida (caster)

una pizca de sal

1 huevo, batido

ralladura de 2 naranjas

200 g/7 oz de harina simple

1 cucharadita de polvo para hornear

125 g/4 oz de azúcar glass

1 ó 2 cucharadas de jugo de naranja

Consejo del Chef

Para obtener la mayor cantidad de jugo de los cítricos, caliente la fruta entera en el microondas durante 40 segundos, deje enfriar ligeramente antes de exprimirlas. O, si desea, frote la fruta sobre una mesa, presionando ligeramente antes de exprimir el jugo. Es importante agregar el jugo de naranja gradualmente al glaseado ya que quizás no necesite todo para lograr una consistencia fácil de untar.

Cuadros de Ron y Chocolate

1 Precaliente el horno a 190°C/ 350°F, durante 10 minutos antes de hornear. Engrase ligeramente con aceite varias charolas para hornear. Suavice la mantequilla con el azúcar y la sal en un tazón grande hasta que esté clara y esponjosa. Agregue las yemas de huevo y bata hasta suavizar.

2 Cierna 175 g/6 oz de harina con el cornflour y el polvo para hornear y agréguelo a la mezcla integrándolo con una cuchara de madera hasta obtener una masa suave y uniforme.

3 Divida la masa a la mitad e integre la cocoa en polvo con una mitad de masa y el ron y la harina simple con la otra mitad. Coloque las 2 mezclas en 2 tazones separados, tape con plástico adherente y refrigere 1 hora.

4 Extienda ambos trozos de masa por separado sobre una superficie bien enharinada haciendo 2 rectángulos delgados. Coloque uno sobre el otro, corte en cuadros de aproximadamente 5 cm/2 in x 5 mm/¼ in y coloque sobre las charolas para hornear preparadas.

5 Hornee de 10 a 12 minutos en el horno precalentado o hasta que estén firmes, colocando la mitad con la cara de chocolate hacia arriba y la otra mitad con la cara de ron hacia arriba. Retire del horno y deje enfriar ligeramente. Usando una espátula, pase a una rejilla de alambre y deje enfriar. Sirva.

INGREDIENTES
Rinde de 14 a 16 porciones

125 g/4 oz de mantequilla

100 g/3½ oz de azúcar molida (caster)

una pizca de sal

2 yemas de huevo

225 g/8 oz de harina simple

50 g/2 oz de cornflour

¼ cucharadita de polvo para hornear

2 cucharadas de cocoa en polvo

1 cucharada de ron

Consejo del Chef

Si prefiere, puede sustituir el ron de esta receta por saborizante de ron. Sin embargo, tendrá que reducir la cantidad a 1 cucharadita.

Rizos de Chocolate

1 Precaliente el horno a 180°C/ 350°F, durante 10 minutos antes de hornear. Engrase ligeramente con aceite 2 charolas para hornear. Suavice la margarina, mantequilla y azúcar glass hasta obtener una mezcla clara y esponjosa.

2 Bata el chocolate hasta suavizar e integre, batiendo, con la mezcla de margarina. Incorpore la fécula de maíz. Cierna las harinas juntas y agregue gradualmente a la mezcla que suavizó, batiendo bien después de cada adición. Bata hasta obtener una consistencia uniforme y lo suficientemente dura para usar la manga de repostería.

3 Coloque la mezcla en una manga de repostería adaptada con una punta de estrella grande y haga 40 rizos pequeños sobre las charolas para hornear preparadas.

4 Hornee los rizos en el horno precalentado de 12 a 15 minutos o hasta que estén firmes al tacto. Retírelos del horno y deje enfriar aproximadamente 2 minutos. Usando una espátula, páselos a rejillas de alambre y deje reposar hasta que se enfríen.

5 Mientras tanto, haga la crema de mantequilla. Suavice la mantequilla con el extracto de vainilla hasta suavizar. Gradualmente integre el azúcar glass, batiendo. Si fuera necesario, agregue un poco de agua hervida fría para obtener una consistencia suave.

6 Cuando los rizos estén fríos agregue la crema de mantequilla usando la manga de repostería o simplemente úntela sobre ellos y una a modo de emparedado. Sirva.

INGREDIENTES
Rinde 20 porciones

125 g/4 oz de margarina suave

75 g/3 oz de mantequilla sin sal, suavizada

75 g/3 oz de azúcar glass, cernida

75 g/3 oz de chocolate oscuro simple, derretido y frío

15 g/½ oz de cornflour, cernido

125 g/4 oz de harina simple

125 g/4 oz de harina preparada para pastel (leudante)

PARA LA CREMA DE MANTEQUILLA:

125 g/4 oz de mantequilla sin sal, suavizada

½ cucharadita de extracto de vainilla

225 g/8 oz de azúcar glass, cernida

Consejo del Chef

Es importante que las grasas estén a temperatura ambiente y las harinas estén cernidas. No ponga demasiada mezcla dentro de la manga para repostería. Si desea puede sustituir la crema de mantequilla por crema batida, pero los rizos deberán comerse el día que se rellenen.

Rocas de Chocolate y Naranja

1 Precaliente el horno a 200°C/ 400°F, durante 15 minutos antes de hornear. Engrase ligeramente con aceite 2 charolas para hornear o fórrelas con papel encerado para hornear. Cierna la harina, cocoa en polvo y polvo para hornear sobre un tazón. Corte la mantequilla en cuadros pequeños. Agregue a los ingredientes secos y, usando sus manos, integre hasta que la mezcla parezca finas migas de pan.

2 Agregue el azúcar granulada, piña, chabacanos y cerezas en el tazón y mezcle. Bata ligeramente los huevos con la ralladura y jugo de naranja. Coloque la mezcla de huevo sobre los ingredientes secos y mezcle hasta combinar. La mezcla debe estar bastante dura pero no seca. Si es necesario, agregue un poco más de jugo de naranja.

3 Usando 2 cucharitas, dele forma a la mezcla haciendo 12 montoncitos colocándolos sobre las charolas preparadas. Espolvoree generosamente con el azúcar demerara. Hornee en el horno precalentado 15 minutos, girando las charolas para hornear después de 10 minutos. Deje enfriar en las charolas durante 5 minutos y páselas a una rejilla de alambre. Sirva tibias o frías.

Consejo del Chef

Cuando haga bizcochos de roca es importante que no mezcle de más los ingredientes y no agregue demasiado líquido, ya que se perdería la textura de "roca". Varíe los ingredientes de acuerdo a su preferencia personal. Si lo desea, agregue algunas nueces adicionales para obtener una consistencia más crujiente. Estas rocas saben mejor si se comen el día que de su elaboración o al día siguiente, ya que no duran demasiado tiempo.

INGREDIENTES
Rinde 12 porciones

200 g/7 oz de harina preparada para pastel (leudante)

25 g/1 oz de cocoa en polvo

½ cucharadita de polvo para hornear

125 g/4 oz de mantequilla

40 g/1½ oz de azúcar granulada

50 g/2 oz de piña cristalizada, picada

50 g/2 oz de chabacanos cristalizados, picados

50 g/2 oz de cerezas en almíbar, en cuartos

1 huevo

ralladura fina de ½ naranja

1 cucharada de jugo de naranja

2 cucharadas de azúcar demerara o de grano grande

Magdalenas de Chocolate

1 Precaliente el horno a 180°C/ 350°F, durante 10 minutos antes de hornear. Engrase ligeramente con aceite 10 moldes para pastelitos dariole y forre las bases de cada uno con un círculo pequeño de papel encerado para hornear. Coloque los moldes sobre una charola para hornear. Suavice la mantequilla con el azúcar hasta que esté clara y esponjosa. Agregue los huevos gradualmente, batiendo bien después de cada adición. Integre la esencia de almendras y las almendras molidas.

2 Cierna la harina, cocoa en polvo y polvo para hornear sobre la mezcla que suavizó. Mezcle con movimiento envolvente, usando una cuchara de metal. Divida la mezcla uniformemente entre los moldes preparados, llenando cada uno hasta la mitad.

3 Hornee sobre la parrilla central del horno precalentado durante 20 minutos, o hasta que se esponjen y se sientan firmes al tacto. Deje reposar en los moldes unos minutos, pase un cuchillo de paleta alrededor de la orilla y saque del molde colocándolos sobre una rejilla de alambre para que se enfríen. Retire los círculos de papel de las magdalenas.

4 En un cazo pequeño, caliente la conserva con el licor, brandy o jugo. Cuele para retirar cualquier grumo. Si fuera necesario, recorte las bases de las magdalenas para que queden planas. Barnice las superficies y lados con la conserva caliente y revuélquelas en el coco. Cubra cada una con un botón de chocolate, adhiriéndolo al barnizar su base con un poco de conserva.

INGREDIENTES
Rinde 10 porciones

125 g/4 oz de mantequilla

125 g/4 oz de azúcar morena clara

2 huevos, ligeramente batidos

1 gota de esencia de almendra

1 cucharada de almendras molidas

75 g/3 oz de harina preparada para pastel (leudante)

20 g/¾ oz de cocoa en polvo

1 cucharadita de polvo para hornear

PARA TERMINAR:

5 cucharadas de conserva de chabacano

1 cucharada de licor de amaretto, brandy o jugo de naranja

50 g/2 oz de coco deshidratado

10 botones grandes de chocolate (opcional)

Consejo del Chef

Engrase con aceite los moldes y, si lo desea, espolvoree con un poco de harina, agitando para retirar el exceso. Coloque un círculo pequeño de papel encerado en las bases antes de llenarlos para retirar los pastelitos más fácilmente. Retire los pasteles tan pronto como le sea posible después de haberlos horneado, ya que tienden a pegarse.

Horneado de Chocolate con Nueces

1 Precaliente el horno a 180°C/ 350°F, durante 10 minutos antes de hornear. Engrase ligeramente con aceite un molde para pastel de 28 x 18 x 2.5 cm/11 x 7 x 1 in y cubra con papel encerado para hornear. Bata la mantequilla con el azúcar hasta que esté clara y esponjosa. Cierna las harinas con la cocoa en polvo y mezcle con la mantequilla para formar una masa suave.

2 Vierta la mezcla en el molde preparado y presione uniforme-mente sobre la base. Pique alrededor con un tenedor. Hornee 15 minutos sobre la parrilla central del horno.

3 Coloque la mantequilla, azúcar, golden syrup o miel maple, leche y extracto de vainilla en un cazo pequeño y caliente suavemente hasta derretir. Retire del calor y deje enfriar unos minutos, integre los huevos y vierta sobre la base. Cubra con las nueces.

4 Hornee 25 minutos o hasta que esté bien dorado, pero aún ligeramente suave. Deje enfriar en el molde. Cuando esté frío, retire cuidadosamente del molde, corte 12 cuadros y sirva. O almacene en un recipiente hermético.

INGREDIENTES
Rinde 12 porciones

175 g/6 oz de mantequilla

75 g/3 oz de azúcar glass, cernida

175 g/6 oz de harina simple

25 g/1 oz de harina preparada para pastel (leudante)

25 g/1 oz de cocoa en polvo

PARA LA CUBIERTA DE NUEZ:

75 g/3 oz de mantequilla

50 g/2 oz de azúcar moscabado clara

2 cucharadas de golden syrup o miel maple

2 cucharadas de leche

1 cucharadita de extracto de vainilla

2 huevos, ligeramente batidos

125 g/4 oz de nueces en mitades

Consejo

Cuando una receta pide mantequilla o margarina, debe usar la que viene en bloque sólido (No la suave que viene en tina, la cual tiene aire batido). Las que son bajas en grasa se separan al calentarse, ya que contienen una gran proporción de agua, por lo que el resultado final no será el adecuado y el pastel o tarta no saldrá bien.

Consejo Sabroso

Las nueces son perfectas para esta receta, pero si no las encuentra, sustituya por mitades de nuez de castilla.

Cuadros de Chocolate y Nuez

1 Precaliente el horno a 170°C/ 325°F, durante 10 minutos antes de hornear. Engrase con aceite un molde para pastel de 28 x 18 x 2.5 cm/11 x 7 x 1 in y forre con papel encerado para hornear. Coloque la mantequilla, chocolate, azúcar, extracto de vainilla y 225 ml/8 fl oz de agua fría en una olla de base gruesa. Caliente suavemente, moviendo de vez en cuando, hasta que el chocolate y la mantequilla se derritan, pero no deje hervir.

2 Cierna las harinas y cocoa en polvo sobre un tazón grande y haga una fuente en el centro. Agregue la mayonesa y aproximadamente una tercera parte de la mezcla de chocolate y bata hasta suavizar. Integre gradualmente la mezcla de chocolate restante.

3 Vierta en el molde preparado y hornee en la parrilla central del horno precalentado durante 1 hora, o hasta que se esponje ligeramente y esté firme al tacto. Coloque el molde sobre una rejilla de alambre y deje enfriar. Saque el pastel del molde y retire el papel encerado.

4 Para hacer el glaseado de chocolate, coloque el chocolate con la mantequilla en un cazo pequeño con 1 cucharada de agua y caliente muy suavemente, moviendo de vez en cuando hasta derretir y suavizar. Deje enfriar hasta que el chocolate se espese y extienda uniformemente sobre el pastel. Refrigere el pastel aproximadamente 5 minutos, y marque 24 cuadros.

5 Cubra ligeramente las mitades de nueces con el azúcar glass y coloque una sobre cada cuadro. Separe los cuadros y almacene en un recipiente hermético hasta el momento de servir.

Consejo del Chef

En esta receta se usa mayonesa en vez de huevo. Asegúrese de usar mayonesa simple y no condimentada.

INGREDIENTES
Rinde 24 porciones

125 g/4 oz de mantequilla

150 g/5 oz de chocolate oscuro simple, partido en cuadros

450 g/1 lb de azúcar molida (caster)

½ cucharadita de extracto de vainilla

200 g/7 oz de harina simple

75 g/3 oz de harina preparada para pastel (leudante)

50 g/2 oz de cocoa en polvo

225 g/8 oz de mayonesa a temperatura ambiente

PARA EL GLASEADO DE CHOCOLATE:

125 g/4 oz de chocolate oscuro simple, partido en cuadros

40 g/1½ oz de mantequilla sin sal

24 mitades de nuez

1 cucharada de azúcar glass para espolvorear

Shortbread Marmoleado de Caramelo

1 Precaliente el horno a 180°C/ 350°F, durante 10 minutos antes de hornear. Engrase con aceite un molde cuadrado para pastel de 20.5 cm/8 in y forre con papel encerado para hornear. Suavice la mantequilla con el azúcar hasta que esté clara y esponjosa. Cierna e integre la harina y cocoa en polvo. Agregue la semolina y mezcle para formar una masa suave. Vierta sobre el molde preparado presionando. Pique todo alrededor con un tenedor y hornee durante 25 minutos. Deje enfriar.

2 Para hacer el relleno de caramelo, caliente suavemente la mantequilla con el azúcar y la leche condensada hasta que se haya disuelto el azúcar. Hierva, y cuando suelte el hervor reduzca la tempera-tura y hierva a fuego lento 5 minutos, moviendo constantemente. Deje reposar 1 minuto, extienda sobre el shortbread y deje enfriar.

3 Para hacer la cubierta, coloque los diferentes tipos de chocolate en diferentes refractarios y derrita uno por uno, colocándolos sobre una olla con agua casi hirviendo. Coloque cucharadas de cada uno sobre el caramelo y ladee el molde para cubrir uniformemente. Extienda con un cuchillo para obtener el efecto marmoleado.

4 Deje enfriar el chocolate. Cuando esté ligeramente firme marque las barras, usando un cuchillo filoso. Deje reposar por lo menos 1 hora para que se endurezca antes de cortar en barras.

INGREDIENTES
Rinde 12 porciones

175 g/6 oz de mantequilla
75 g/3 oz de azúcar molida (caster)
75 g/3 oz de harina simple
25 g/1 oz de cocoa en polvo
75 g/3 oz de semolina fina

PARA EL RELLENO DE CARAMELO:

50 g/2 oz de mantequilla
50 g/2 oz de azúcar morena
1 lata de 397 g de leche condensada

PARA LA CUBIERTA DE CHOCOLATE:

75 g/3 oz de chocolate oscuro simple
75 g/3 oz de chocolate de leche
75 g/3 oz de chocolate blanco

Consejo del Chef

Asegúrese de que el relleno de caramelo sea de un color dorado pues si no es así no se cuajará. Cocine de 3 a 4 minutos para obtener un buen color. Tenga cuidado de que la mezcla no se queme. Si prefiere, coloque los ingredientes en un tazón de vidrio y caliente en el micro-ondas a temperatura media por lapsos de 30 segundos hasta derretir el azúcar; mezcle después de cada lapso. Ya derretida, caliéntela a tempe-ratura alta dc 2 a 4 minutos; en lapsos de 30 segundos, hasta dorar.

Barras Refrigeradas de Fruta y Nuez

1 Engrase ligeramente con aceite la base de un molde de 18 cm/ 7 in y cubra con papel encerado para hornear. Usando unas tijeras engrasadas con aceite, corte cada malvavisco en 4 ó 5 piezas y coloque en un tazón. Agregue la mezcla de fruta seca, ralladura de naranja, cerezas y nueces. Cubra con el brandy y mezcle. Agregue las galletas desmoronadas y mezcle hasta integrar por completo.

2 Trocee el chocolate en cuadros y coloque en un refractario con la mantequilla sobre un cazo con agua casi hirviendo. Mueva de vez en cuando hasta derretir; retire del calor. Vierta la mezcla de chocolate derretido sobre los ingredientes secos y mezcle hasta integrar. Coloque a cucharadas en el molde preparado, presionando firmemente.

3 Refrigere 15 minutos y marque 12 barras, usando un cuchillo filoso. Refrigere 1 hora más o hasta que esté firme. Saque del molde, retire el papel encerado y corte en barras. Espolvoree con azúcar glass antes de servir.

INGREDIENTES
Rinde 12 porciones

14 malvaviscos rosas y blancos

75 g/3 oz de mezcla de fruta seca de lujo

25 g/1 oz de cáscara de naranja cristalizada, picada

75 g/3 oz de cerezas en almíbar, partidas en cuartos

75 g/3 oz de nueces, picadas

1 cucharada de brandy

175 g/6 oz de galletas tipo marías, desmoronadas

225 g/8 oz de chocolate oscuro simple

125 g/4 oz de mantequilla sin sal

1 cucharada de azúcar glass, para espolvorear, opcional

Consejo del Chef

Si almacena nueces en el congelador, las nueces enteras duran 3 años, las nueces peladas 1 año y las nueces molidas, al igual que las almendras molidas, duran 3 meses. Las nueces enteras se romperán más fácilmente si están congeladas, ya que sus cáscaras son más frágiles.

Consejo del Chef

Si usa cáscara caramelizada entera, en vez de la ya picada, use tijeras de cocina para cortar en trozos pequeños.

Publicado en 2003 por Advanced Marketing,
S. de R.L. de C.V. Bajo el sello Degustis

Publicado por primera vez en 2003
© 2003 The Foundry

© 2003 Advanced Marketing, S. de R.L. de C.V.
Aztecas # 33 Col. Sta. Cruz Acatlán
Naucalpan, C.P. 53150
Estado de México
México

ISBN: 970-718-074-9

01 02 03 04 05   03 04 05 06 07

Impreso en China

RECONOCIMIENTOS:
Autores: Catherine Atkinson, Juliet Barker, Gina Steer,
Vicki Smallwood, Carol Tennant, Mari Mererid Williams y
Elizabeth Wolf-Cohen y Simone Wright
Asesora editorial: Gina Steer
Editora del proyecto: Karen Fitzpatrick
Fotografía: Colin Bowling, Paul Forrester y Stephen Brayne
Economistas Domésticas y productoras gastronómicas:
Jacqueline Bellefontaine, Mandy Phipps, Vicki Smallwood y
Penny Stephens
Equipo de diseño: Helen Courtney, Jennifer Bishop,
Lucy Bradbury y Chris Herbert

Todos los accesorios fueron proporcionados por
Barbara Stewart, de Surfaces.
Traducción: Concepción O. De Jourdain, Laura Cordera L.

NOTA
Los bebés, personas de edad avanzada, mujeres embarazadas y
cualquier persona que padezca alguna enfermedad deben
evitar los platillos preparados con huevos crudos.

Un agradecimiento especial a todos los involucrados en la
publicación de este libro, particularmente a Karen Fitzpatrick y
Gina Steer.